で本命の彼から追われ、告られ、
秒でプロポーズされる！

秘密の「メス力」LESSON

神崎メリ
Meri Kanzaki

PROLOGUE
プロローグ

「ど本命電撃婚」を叶えた人だけやっている「メス力（りょく）」の極秘STEP。1から順に教えます。

「交際3ヵ月でトントン拍子に結婚決まっちゃいました！」

最近ちまたに溢れる、電撃婚報告。

それを聞いたとき貴女（あなた）はこう思うのではありませんか？

「え？　結婚って？　いつの間に彼氏できてたの？」


こんにちは、「メス力（りょく）」の伝道師、神崎メリです。

電撃婚、最近よく聞きますよね。え？　自分にはどうせ電撃婚なんてできっこない？　貴女はもしかしたら、電撃婚を叶える彼女たちと、自分の違いは「ルックス」とか「若さ」

とか「運命」だと思って諦めてはいませんか？　でも、彼女たちは運命に恵まれたラッキーガールではなく、ある法則に沿ってふるまっていただけだとしたら……？

その法則が「メス力」です。

男性が誠実な気持ちでおつき合いし、即結婚に踏み切るには、3つの男心が掻き立てられなければなりません。

それは、

①狩猟本能

②相手を守りたいという庇護欲

③ヒーローになりたい本能

この3つの男心が掻き立てられる女性と巡りあったとき、男性は「この人を逃してはならん！」と、迷うことなくプロポーズするものなのです。私が提唱している「メス力」とは、この3つの「男心に火をつける力」のことなんです！　そう、

メス力＝男心に火をつける力

PROLOGUE
プロローグ

古今東西のあらゆる恋愛や男女の心理に関する本を読み込み、幸せなカップルやラブラブのご夫婦に話を伺い、逆にうまくいっていない男女から原因を探って、長年恋愛に関する研究を進め、そしてたどり着いたのが「メス力」です。この法則で私自身、離婚経験を乗り越え、今では幸せな結婚生活を送っています。

そして、この「メス力」をブログやSNS、2019年には2冊の本で紹介したところ、『メス力』のお陰で『おクズ様』だった元彼と縁を切って、交際3ヵ月で電撃婚決まりました！」「シンママでしたがメリさんのお陰で結婚決まりました！」「これが『ど本命』なんですね。何ひとつ不安がありません！　年明けに入籍します！」などの、**電撃婚報告がまるでやらせでは？と私自身が勘ぐってしまうレベルで相次ぎました。**

でも中には「メス力、どこから実践したらいいのかわからないよ〜涙」という読者さまもいらっしゃいました。メス力の伝道師としてその声を聞き逃すワケにはいきません！

そのため本書では、まず「メス力」を4つのステップに思い切って分けました。

4つのステップを順番通りに実行するだけで、「ど本命」の彼から追われ、告られ、秒でプロポーズされちゃうという電撃婚に特化した1冊となっています。

本書では、貴女が電撃婚を叶えるのに必要な「メス力」を手とり足とり、丁寧に手順として紹介していきます。恋愛偏差値ゼロ、恋愛迷子、バツイチだろうと、30すぎ、40すぎだろうと問題ナシ（私自身が証人です！）。難しく考えずに次の4つのステップに沿ってレッスンを実践していってください！

①STEP1「マインドセット」

まず、貴女にこびりついている間違った恋愛観や、「メス力勘違いあるある」を1回リセットして、本物の「メス力」を再インストールしておきましょう。

②STEP2「見極める」

相手の男性が「おクズ様」かどうか見極めなくては、女性は幸せを掴むことはできません！　貴女の幸せを邪魔する「毒友」もしっかり見極めていきましょう！

③STEP3「告らせる」

男心を掻き立てて彼に告らせる、「ど本命ハンティング」。男性がハントするようにうま

〜く仕向ける、しかも男性が本気になる女「ど本命」として。ここから秘密の「メス力」レッスン実践編の始まりです♡

④STEP４「秒でプロポーズされる」

交際して何年も経つのに、マンネリ化して結婚になかなか進まない……。そんな時間を過ごさないためにここで一気にたたみかけます！

いつまでも結婚にたどり着けない貴女の苦しみ、もどかしさ……。魂レベルでわかります！

その思いを経てたくさんの苦い経験をし、恋愛コラムニストとして電撃婚を理論でお伝えできるようになった今、トントン拍子の秘密を貴女にお届けします！

気まぐれな運命にふりまわされることなく、自分の手で「ど本命との電撃婚」を掴みとる女になる、秘密の「メス力」レッスンを始めます。

きっと貴女の人生が大きく変わっていきますが、心の準備はよろしいでしょうか？

「秘密のメス力LESSON」は次のSTEPで行います

STEP 01 マインドセット

「メス力＝男心に火をつける力」これを徹底的に叩き込みます。ここで「メス力マインド」をしっかり身につければ、いついかなるときでも「メス力」を発揮でき、男心を掴むことができるようになります。逆に「メス力マインド」をおざなりにしたままでは、頑張ってもむくわれない恋愛が待っています。無駄な時間を過ごさないために、必須のステップです。

↓

STEP 02 見極める

せっかく「メス力マインド」を身につけても、その「メス力」を「おクズ様」に向けてしまっては時間の無駄です。なぜなら「おクズ様」は決して貴女を幸せにはしてくれない人物だから。その男性が、「ど本命」かそれとも「おクズ様」か。ここでしっかり見極めましょう。「おクズ様」に引っかかって心と時間を浪費しないためにも必読の第二項目です。

↓

STEP 03 告らせる

「メス力マインド」と「見極め力」を身につけた貴女は、「ど本命ハンティング」の現場に立つ十分な能力を備えました。ここからが実践編、メス力の本領発揮です。ここでは、ど本命につき合いたいと思わせ、告白させるレッスンを用意しました。貴女は順番通りに進むだけ。うまくいかない場合は、STEP 1とSTEP 2に戻って復習しましょう。

↓

STEP 04 秒でプロポーズさせる

STEP3で見事告白されても、大喜びしてはいけません。「ど本命」との電撃婚を勝ちとるにはここからが勝負。ここでは、今すぐ「ど本命婚」を叶える10のレッスンを用意。貴女は順番通りに進むだけ。2年も3年もプロポーズしてくれない…そんな無駄な時間を過ごさないためにもここで一気にたたみかけましょう。3ヵ月で電撃婚、叶います！

CONTENTS
目次

CONTENTS

STEP 02 ― 見極める

その人、貴女を苦しめる「おクズ様」かもしれません

CONTENTS

目次

STEP 03 告らせる

ど本命ハンティング――「ど本命」にしたいと思わせる戦略

STEP 04 ― 秒でプロポーズさせる

今すぐ「ど本命婚」するための10のステップ

CONTENTS
目次

『秘密の「メス力」LESSON』

必須語録

「メス力」——「狩猟本能」「守りたい庇護欲」「ヒーローになりたい本能」この3つの男心に火をつける力。

「ど本命」——貴女のことが、大好きで大好きで仕方ないような全身全霊で愛してくれる男性。もちろん貴女も大好きな相手。

「ど本命婚」——「ど本命」との結婚。

「おクズ様」——貴女を雑に扱う男性。気が向いたときだけ呼びつける。束縛して貴女の交友関係を狭くする。貴女より友だちを優先するなど。

「ど本命クラッシャー」——ど本命とのつき合いをぶち壊す行動をとること。【タイプ1：媚びる女】【タイプ2：キレるモンスター女】このどちらかに当てはまります。

「ど本命カースト」

——男性が本能的に女性を判別するときのピラミッド図

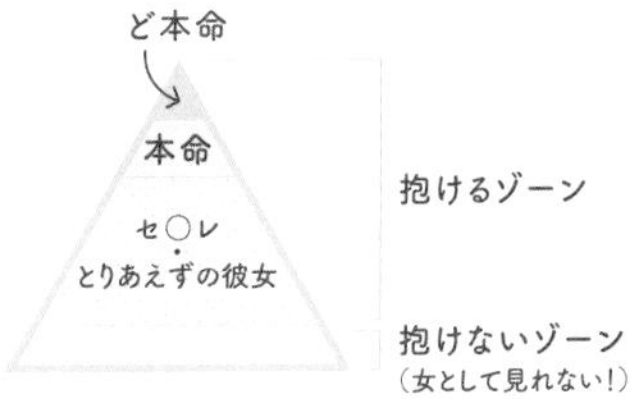

ど本命カースト

「プロオカン」——大好きな彼にいそいそと尽くし、まるでお母さんのようにあれこれして、もはや恋愛対象として見られなくなった女性のこと。

「モラ男」——命令口調、上から目線、DV、束縛などのモラハラ言動で貴女を苦しめる男性。

「無課金」——整形していないこと。

「シンママ」——シングルマザー。

STEP 01

マインドセット

「ど本命」の彼に必ず愛される
「メス力マインド」とは？

なぜ最初に「マインドセット」が必要なの？

恋愛にオクテで何をどうしたらいいかわからない……。好きな人に一生懸命アピールしたのに、つき合えない……。彼に結婚してほしくて頑張ってるのに、プロポーズしてくれない……。そんな恋愛偏差値の低さや恋愛迷子の状態にお嘆きの貴女へ。頑張ってもうまくいかないその理由は、「男心を理解していない」こと。根本原因はここなのです。そこで、4つのステップの中でも、何よりまず学んでほしいSTEP1は「マインド」です。男心に火をつけて、追わせるのが「メス力」。それなのにその火を鎮火させてしまう言動がいかに多いか。そう、今まで貴女がよかれと思ってやっていたことは、じつは間違いだったのです！　そこで、まずは「メス力勘違いあるある」を知って、大好きな彼に愛される本物の「メス力」を身につけていきましょう。ここで「メス力マインド」をしっかり叩き込めば、どんな状況でも「メス力」を発揮でき、男心を掴めるようになりますよ♡

LESSON 01

好きを匂わせて距離感詰めるほど、男はダッシュで逃げる

準備はいいですか？　ＳＴＥＰ１「メス力マインド」最初のレッスンです。

貴女は、恋に落ちたときどんな行動に出ますか？　好きだってわかってほしい、彼にとって気になる女性になりたい。そう思って、自分からアピールしていませんか？　ところがコレ、男性からすると「ヤベェ！　俺、追われてる！」と感じて逃げ出したくなっちゃう行動なのです。のっけから頭ガツンと殴られた貴女、解説しましょう。

じつはほとんどの女性が「追う」っていう言葉がどんな行動を指しているのかチンプン

カンプンです。「追うな！」と言われてもピンときてないのですよね。だから無意識に好きな男の人を追いかけ回してしまっているワケです。貴女が「追う」状態では、絶対に「ど本命」にはなれません。本当は「ど本命」になれたかもしれないのに、もったいないですよ。たとえばこんな匂わせも「追う」ことになるけれど、貴女は大丈夫？

①四六時中ジーッと見つめちゃう（彼と話をするときだけ瞳を見つめるのはＯＫ。でも四六時中彼の背中に熱い視線を向けてちゃ、好き好きオーラダダ漏れすぎです！）

②彼のＳＮＳ投稿に毎回反応しちゃう（貴女が彼を監視しているのがバレバレ。ＳＮＳで距離感詰めようとして自爆するタイプです）

③飲み会で彼の隣に必ず座る（飲み会で話すチャンスとばかりにすぐ隣に座ってませんか？　毎回されると、彼はかなりうとましく感じるようになります）

④一緒に帰りたがる（職場でも学校でも友だちの集まりでも、彼の帰宅のタイミングにわざわざ合わせちゃってない？）

⑤意味もなくＬＩＮＥをする（好きな気持ちが高まりすぎて、用もないのに自分からＬＩＮＥす

る女性が多すぎます……。彼から引かれてしまう可能性大です）

こんな「好きの匂わせ」は全部NGの理由

これらのアクションがなんでNGなのかピンとこない方は、ちょっと想像してみてください。

職場の先輩（貴女はその気ナシ）から毎日ジーッと視線を感じて、うっかり繋がっちゃったSNSで毎回絶対リアクションしてきて（しかも微妙にスルーしにくい内容のコメントで）、飲み会で絶対隣の席死守してきて、「飲みすぎじゃない？」と勝手に水勧めてきて（彼氏気どりか！）、一緒に帰るために出口で待たれて（キモッ）、翌日「おはよ！　飲みすぎ大丈夫？　笑笑」ってLINEしてくる……。

挙句に周りからは、「オス山さんって、絶対メス崎さんのこと好きですよね（笑）」とか冷やかされる始末。

「勝手に〝俺の女マーキング〟してんじゃないわよ！　超ウザい！！！！」

貴女は内心毒づくかもしれませんね。

貴女が「もっと仲良くなりたいなぁ……♡」とジワジワ距離感を詰めることは、相手にとってはウザい匂わせ女でしかないのかもしれないのですよ。

距離感を詰めてくる匂わせ女に男が恋できない理由

男性は狩猟本能を掻き立てられなければ、恋に落ちることはありません。

だから貴女から距離感を詰めるってことは、彼から追う必要がないということなんです。

それは、貴女にドキドキしたり、そそられることはないということでもあるのですよ。

仮に彼とつき合うことになっても、彼が追いかけた実績がないのだから、心から恋い焦がれる「ど本命」（12ページをご参照ください）にはなれないのです。

「好きになってもらえたし、いい子だし」と交際が数年続いたとしても、「ヤベェ！　追いかけたい!!」って女性が現れたらカンタンにそっちになびいちゃうものなのです（涙）。

そうやって「俺様の運命の人が降臨したかも」「そもそも今カノのこと最初からそんなに好きじゃなかったし……」なんて、彼女を冷酷に切り捨てる男性、何人も見てきました……。

どんな形で2人がつき合うことになったのかが、私たちが考えている以上にそのあとの関係を左右するものなのです。それは、追いかけて捕まえた女性が、男性にとって超特別な存在、「ど本命」になるからです。

だから「メス力」という知恵を使って、あたかも彼が追いかけて貴女を捕まえたというストーリーを演出しちゃうことが重要になってくるのですよ。

このことを知らないで逆効果な匂わせをしてきた貴女。もしかしたら、片想いばかりの人生だったのでは？　もうこれからは、大丈夫ですよ。その行動をこんな匂わせに変えて恋を掴みにいきましょう！

さっきあげた〝男から「追われてる」と恐れられる好きの匂わせあるある5〟を「好きの匂わせメス力」に訂正すると、こうなります♡

①彼と話すときだけ瞳をジッと見る〈ドキドキ〈男性心理〉。それ以外のときは彼のことなど眼中にないかのようにふるまって！　メリハリをつけるべし〉

②ＳＮＳには反応しない（交際後のことまで計算して、彼のＳＮＳは見てないフリしておくべし）
③飲み会で自分から隣に座らない、目があったらニコ♡（あちらから貴女の隣に移動してくる確率が爆上がり！　彼に追わせる形になりシメシメ）
④彼の帰りには「もう帰っちゃうんですか？」とちょびっと残念顔（彼から貴女と帰ろうとしてきたり、もしかして俺に気があるのかな？と帰り道に妄想タイム突入）
⑤必要なことがあるときだけ明るくさっぱりＬＩＮＥ（ＬＩＮＥを恋愛の主軸にしないこと）

超シンプルすぎる感じですが、男性にはこのくらいで充分です。

男性に追われてる感を与えずに、「もしかして俺に気がある……？」と恋の誘い水となる「好きの匂わせメス力」をぜひ実行してみてください。

男性はよほど「どタイプ」じゃない限り、「俺様に脈ゼロだろうな」と思う女性にはアクションを起こさないもの（誰でもＯＫな「おクズ様」は置いといて笑）。

自分からわざわざ距離感を詰めようとせず彼のほうから「距離感を詰めてみようかな？」と思わせてナンボということなのです。

匂わせ女は、損しかしない。自分から距離感詰めてつき合えたとしても「ど本命」にはなれない。だから「メス力」使って彼に追わせろ！

これを頭に入れておいてくださいね。今まで片想いばかりだった貴女も、ふるまいひとつで彼の「ど本命」になれるかもしれないのです。

そして大切なことをもうひとつ。この「メス力」を使っても追ってこない男性は、今は脈ナシだと思ってすがらないこと。大丈夫です。ど本命は必ずほかにいますから。

LESSON 02

ＬＩＮＥに即レスするほど、男に即飽きられる

ＬＩＮＥの即レスで一途アピール。気になる彼に好きだということをわかってほしい。つき合っている彼を安心させたい。その気持ちとってもわかります。ところが、じつは「メスカ」でも、世界中のあらゆる恋愛メソッドでも、メールの即レスは厳禁。恋愛初心者さんは「え？」と驚くかもしれませんが、即レスこそ、「やらかしがちな恋の落とし穴」なんです！　ここでなぜ「ＬＩＮＥの即レス禁止」なのかしっかり叩き込みましょう。

ＬＩＮＥでやらかす女の思い込みあるある５！

ＬＩＮＥの即レスや、自分からマメに連絡をとることがやめられない女性に話を聞いて

みると、どうもそれが彼のためだと思い込んでしまっているようなのですね。

貴女も「私って一途なタイプなんです♡」と、好きな人にアピることが恋の正解だと勘違いしてはいませんか？

かくいう私自身、20代のころは即レス女王でした。おはようから始まり、今日1日の予定を報告して、友だちとお茶してる様子を写メって送信、隙あらば「大好き♡」なんて送ってみたり……。

そして彼が数時間返信くれないと「何かあったのかな？」ってソワソワ……（仕事中だっちゅうねん！）。こんなことを続けているうちに、おつき合いし始めには「早く結婚しようね♡」ってサプライズプレゼントとかしてくれていた彼の口から、「結婚」のふた文字がまるで禁句になったかのようにピタッと出なくなってしまったのです。

そう、即レスの先には落とし穴があるのです。

たとえばこんな思い込み、貴女にもありませんか？
①すぐに連絡がつかない女だと信用してもらえないいじゃん！（信用できるとつき合えるは別も

の。自分が一途だとアピールして、彼にも一途になってもらいたいのが本音では？）

②いやいや駆け引きとかよくないっしょ〜！（いい子なんだけど何事にも直球すぎるから、男性にうんざりされがち！　つき合う前に逃げられちゃうかも！）

③自分のことどれくらい好きかＬＩＮＥのマメさで測っちゃいます……（男性からの連絡で一喜一憂しすぎるタイプですね！　やりとりを続けたくて、つねに疑問系で返信したりしていませんか？　すがっていると思われちゃう可能性大）

④離れていてもつねに繋がっている感が欲しい！（恋愛依存の寂しがりやの女性に多い考え方……重いと思われがちです）

⑤つき合っている彼を安心させてあげたい♡（覚えておいてください。「男の安心＝結婚まだいいや」です。それで本当にいいのですか？）

男の追いかけモードのブレーキを踏んじゃってない？

男性にとって、基本的には「ＬＩＮＥは連絡手段」です。けれども「ど本命」に恋したり、「おクズ様」でも必死に（早くＨしてぇ〜！という気持ちで）口説いている段階だと、超マメなイキモノに豹変します。

カンタンに言うと、男性は追っている状態のとき、連絡が前のめりになるものなのです。

そのテンションにわざわざ貴女も合わせて、一途アピールをカマすっていうことは、「あぁ、俺はこの子をもう捕まえちゃったんだな……」って、彼を満足させちゃうことになってしまうのです。

せっかく貴女に対してドキドキハラハラ恋心膨らませているかもしれないのに、即レスすることでブレーキ踏んじゃっていることに気がついてください！

ましてやつき合ってもいない、好きでもない女性からのアピールLINEには、げんなりしてそのうち既読スルーになってしまうことも……。

もっと男心に踏み込んで解説すると、男が感じる安心とは(恋愛バージョン)、返信がマメじゃなくてハラハラさせられてしまう彼女や、どこか掴みきれない部分のある彼女をギュッと抱きしめたときに感じるものなのです。

「よかった〜〜〜！　ちゃんと俺の彼女だよね(安心)。はぁ！　柔らかい。愛おしい！　たまらん!!」。追いかける狩猟本能から征服欲が満たされる瞬間に感じるのです♡

わざわざ一途アピールするのは、飴の中に彼を沈めて溺死させている状態なんですよ。

LINE即レスして「いつでも貴方を想っています（クーン）」「怪しい行動してません（クンクン）」なんて忠犬一途ワンコぶらないでくださいね。

過去の私みたいに「最初あんなに結婚結婚って追いかけてくれてたのに、なんで？」なんてことにならないためにもね！

彼をドキドキさせつつ、安心もさせてあげたいのなら即レスでの一途アピールはNG。彼の恋心にブレーキ踏むだけだと理解してやめましょうね。

LINEの具体的な返信方法については、ほかの項目でも踏み込んでいきますので、そちらをぜひ参考にしてください。

貴女のために彼のためにも即レス禁止

LESSON 03

自分からしゃべればしゃべるほど、男は無口になる

「相手があんまり話してくれない」
「いつも私が一方的に話しかけてるんだよね」
「よく話が面白いって言われるのに、なかなか彼女になれない……」

そう寂しく感じている貴女、じつは男性とのコミュニケーションが苦手なタイプです。会話を盛り上げようと頑張ったり、辛口でマシンガントークしたり、自虐ネタでウケようとする女性が、なぜ男心を掴めないのか？　ここでしっかりとお勉強しましょう。

先日、ツイッターを見ていたら「売れっ子ホステスの鉄則」的なツイートが流れてきました。その内容に「ベラベラ話さない！」とあり、「やっぱりメス力か！」と1人で笑っちゃいました。

おしゃべりな女性の心情、正直すごくわかります。私自身がそのタイプで男性を無口男に仕立ててきたからです。

貴女はただ、好きな人と仲良く話がしたいだけなのですよね。盛り上げるために、自分が先頭切ってるだけなのですよね。

でもそのやり方、女子会では「マジでメリ子、面白い」「キレるよね（笑）」と人気をさらうかもしれないけど、男性からしたら「勢いマジこぇ〜」と引かれてしまうだけなのです（過去回想爆死）。

次のページから男性を無口男にするおしゃべりの内容を書いていくので、自分がやらかしてないかチェックしてみてくださいね。

①「わかった！　○○でしょ？」：オチ泥棒女（話のオチが見えて泥棒しちゃう）

②「でもそれ○○じゃん？」：否定女（自慢やうんちくの弱点をめざとく突く）

③「へ〜」：興味ナシ女（自分が知ってる分野以外の話はうわの空。早く終われ〜）

④「だから貴方はそういう所がダメなの」：説教女（たわいない雑談を糸口に日ごろの言いたいうっぷんをここぞとばかりに晴らそうとする）

⑤「でも本当は○○が本音でしょ？」：決めつけ女（被害妄想をあたかも事実かのように決めつける。女性特有のタラレバ病）

⑥「今日〜ランチ行って〜そのあと〜」：オチナシ女（ダラダラと1日の流れを聞かせる。男にとって苦行の時間）

⑦「だいたい男なんてさぁ」：男ｄｉｓり女（痴漢のニュースなどを男全体の問題にすり替えたりする）

⑧「ねぇ無駄遣いしすぎじゃない？　将来のためにちゃんと貯金してんの？」：将来の不安女（将来の不安の話ばかりして現実を突きつける女に男は恋できない）

⑨「うんうん○○でしょ？　やっとくやっとく」：でしゃばり女（彼の意見はわかっていますといわんばかりに先回りをして動く。コレ男を萎えさせます）

⑩「でさ……それでね！（3時間）」：マシンガントーク女（永遠に話しかける。男はうるさすぎて耐えられない!!）

これらの会話法、並べてみると「こんな女いるぅ～？」と不思議に思いませんか？

でも相手があまり話をしてくれない、無口になってしまう、つき合う前に音信不通になってしまうという女性は無意識にやらかしている可能性が大ですよ！

そして、会話が盛り上がったハズなのに、彼女になれないという貴女。これらの「NGあるある」で盛り上がっていたのは貴女だけということも！　どうか気づいて！

自分ばかりしゃべる女性と結婚した男性はどうなるか？

試しに周りのカップルを観察してみてください。高確率で女性がこういう話し方をしているのに気がつくハズです。

彼が話し出すと、「でもさ～」「本当そういうところあるよね……（イヤミ）」。彼を立てるどころか、彼の会話の腰を折っている子が多くて本当にビックリするハズです。

人前で彼氏を軽くｄｉｓって笑いをとりに走り、場を盛り上げてるつもりなのですよね。

それでいて「うちの人、本当無口なんだよね」「ちゃんとホウレンソウしてくれなくて困ってるの！」とコミュニケーション不足を周りの女友だちに相談している始末……。

これを結婚後も続けると、男性はますます無口になって心も耳も閉ざして無気力になっていきます。家庭のことに一切興味を示さない、何を考えているかわからない夫に成長していきます。

これは家の中で何を話しても、否定や説教、お金がないだのそんな返しをされ、プライドを傷つけられてしまうので、口を閉ざして身を守っているのですよ。

だから恐ろしいことに、生まれた息子も自立心が養われることなく育ち、同じ無口・無気力ですべてママに丸投げタイプに育ちます……。

女性が否定交じりのおしゃべりをすると、男の自信を傷つけてお口も心も閉ざされる！これを知っていなきゃ地雷を踏んでしまいます。２回目のデートに繋がらない貴女、会話について見直してみてください！

男心って思っているより繊細ですよ。

女友だちとワイワイ盛り上がる辛口な会話法を垂れ流したり、人生の不平不満を吐き捨てるサンドバッグに彼をしないでくださいね。

男性との「メス力的」おしゃべり法は、STEP3でお伝えしていきます。

「自分がしゃべらなきゃ誰がしゃべる」なんていうおしゃべりさんは、いかに今の自分がヤバイか、まず自覚しておきましょうね。

私自身もこの辺で1番やらかしていましたが、今は修正できました！　だから貴女も大丈夫ですよ。盛り上げようとしゃべり散らかさずとも、正しい「メス力的」おしゃべり法を身につければ、大好きな彼と楽しくたわいないおしゃべりをすることができるようになる。

そうすると女心は満たされますからね♡

LESSON

04

「大丈夫？」と心配するほど、男は逃げたくなる

「男心を掴むには気が利く女になるのが1番かぁ〜！　ふむふむ」

……恋愛指南書によくある「男が最後に選ぶのは気が利く女」。貴女も一度は、気が利く女アピールをしてみたことがあるのでは？　ところが、多くの女性がハマる落とし穴がこなんです！　男性目線に立って気が利く女とは何か？　きちんと整理してみましょう。


「気が利く女とは一体ナニモノなのか？」

無意識に人の役に立とうとして立ち回ってしまう気ィ使いな女性や（責任感のある子や長

女ちゃんに多し）「とりあえずサラダとり分けて気が利く女アピールしとけばOKなんでしょ!?」「彼の自慢の彼女として立ち回らなきゃ☆」と飲み会で張り切りがちな女性たちよ。「プロオカン」（12ページをご参照ください）やらかしているぞ……。その気の利かせ方、勘違いしていますよ！　男が求める気の利く女を理解しましょう。

男は自分がヒーローでありたいイキモノ

まず、基本的な男心について。

男性は俺様を主人公（ヒーロー）にしてくれる女性が大好きです。

逆に「大丈夫？　私やっておくね☆」としゃしゃり出て主役の座をさらっていく女性は、早い話が敵です。

ここが理解できていないと、気が利く女ではなく「プロオカン」になってしまいます。

え？　違いがよくわからない？　ではちょっと男性目線に立って想像してみましょう。

A：飲み会で大皿料理のとり分けを「大丈夫！　大丈夫！　私やっておくから」と率先し

て仕切り、「ほら！　オス太郎くん、そろそろお水飲んどきなよ。すみませェ〜ん！　お水1杯くださ〜い」と勝手に酒のペースを管理する女性（ここだけの話、過去の神崎メリや）。
B：「ごめん。オス太郎くん、こっちのとり分けお願いできる？　ありがとう♡　優しいよね〜」と人前で花をもたせてくれたうえに、オス太郎がドレッシングをかけるタイミングでスッと隣にドレッシング皿を置いてくれて、周りに気がつかれないようにオス太郎の前にお水を出し「お水置いとくね」とコソッと言う。

どちらの女性が男性にとって気が利く女でしょうか？「大丈夫？　私やっておく！」とその場を自分の気が利くアピール発表会に利用する女性と（過去がフラバして胸が痛いぜ）、人前で花をもたせて男性をヒーローにし、そのうえ男性がうまく立ち回れるようにこれ見よがしではなくコッソリとサポートする女性……。

先ほど説明したように、男性は俺様をヒーローにしてくれる女性が大好きです。

そのヒーローである俺様をさりげなくサポートしてくれる女性に「気が利く〜」と感動するのですよ。コレです、男性目線で気が利く女とは。手柄や見せ場を奪わないでくださいね！

男性をヒーローにしてサポートすることがピンとこない貴女は、次からこの流れの通りにやってみてください。

①「大丈夫？」とすぐに口にしない（男性にとって「大丈夫？」は、貴方にはこれどうせムリでしょ？的な子ども扱いされた感覚になる）

②「私やっておくよ」と率先しすぎない（何もしない男に育ちます。マジで）

③「俺やっとくよ」には「ありがとう」で受け入れる（彼を主人公にします）

④彼がやってることを何気に見ておく（ジッと見るのではなく、さりげなく横目で見るべし！）

⑤これやっておいたら彼が助かるかな？という部分だけを実行（小さなことでOK。ムリしない、動きすぎない、見せ場は奪わない！）

⑥彼「お？　やっといてくれたの？　ありがと」

貴女「こちらこそ、オス太郎くんのおかげだよ♡」

男性に尽くしてもらった側なのに、「俺を立ててくれて気が利く女」と思われるテクニックです（笑）。カンタンだけど効果バッチリです。

貴女が彼に「大丈夫？」「やっておくよ」を連発して役に立とうとすればするほど「プロオカン」の未来が待ち受けています。「大丈夫？」のそのひとことで彼のヒーローでありたい男心を踏みにじって、赤ちゃん扱いしているのです……（ばぶ〜……）。

「気が利く女」と思ってもらうためには貴女が動く必要はありません。

でしゃばりすぎないサポートで、彼をヒーローとして輝かせてあげればOKです。

俺様をヒーローにしてくれる貴女を男性は、ヒロイン扱いしてくれますよ！　そして、得難い女性として特別扱いし、彼女にしたいと思うのです。そう、「ど本命恋愛」が始まるのです。

彼をさらにヒーローにしてあげて愛される女になるテクニックはまた後ほど♡

男にとって「大丈夫？」は、「できないでしょ？」と同意語である

LESSON 05

会いたいと伝えるほど、男は会いたくなくなる

気になる人に「また、会いたいです」と伝えてみたり、大好きな彼とデートしてバイバイしたすぐそばから「また会いたいな♡」って伝えてみたり。その気持ちとってもわかります。女性なら、恋する女性のかわいい行動だなって思いますよね。でも、ちょっと待ってください！　じつはここに恋愛がうまくいかないまたひとつの落とし穴があるのです。

会いたい気持ちをガンガン伝えちゃっていませんか？

大好きな人と一緒にいる時間ってウキウキしてクセになりますよね〜！

待ち合わせで合流したときの彼のはにかんだ笑顔。「寒〜い」と呟いたら繋いでいた手をポッケに入れられた瞬間。自分を見つめる優しい瞳。愛に満ちたキス……♡　デート解散後、そのときの様子を何度も反芻してベッドの上でジタバタ萌えちゃう。

『はぁ……♡　早く会いたい。抱きしめられたい！　たくさんキスしたいよぉ！』

胸のあたりがギュッと締めつけられて、つい彼にLINEしちゃう。

「今日は超楽しかった♡　早く会いたい♡♡」

「俺もだよ♡」

『俺もだよだって、ヤバーイ♡♡　ラブラブすぎッ！　元カレは会いたいとか甘めのセリフはスルーする人だったのに……。運命の人と出会ってしまったなコレは……（確信）』

こうして貴女は舞い上がり、彼からも「会いたい」と返信がくるのがうれしすぎて、湧き起こる会いたい気持ちを毎度素直に彼に伝えるようになってしまったのです……。

ラブラブな感情を伝え合えるのって安心感がハンパなくて心地よいものですものね。でもそれを続けていると、彼の恋のテンションを下げることになってしまうかもしれないのです。長くつき合うことも大切だけれども、どうせなら「ど本命」とつき合ってサクッと電撃婚したくはありませんか？

それには、**貴女の「会いたい」は余計なひとことかもしれない**のです。

会いたい発言は男の狩猟本能を萎えさせる

さて、男性が貴女に恋しているときの心境を考えてみましょう。

つき合いたての超ラブラブ期、彼は追い求めていた貴女を捕まえた喜びに満ちています。貴女の笑顔がうれしくて、ムリして時間つくって駆けつけて……。

どうして恋に落ちた男性がここまでするのかというと、貴女を追いかけている状態だから。すなわちまだ2人の関係に１００％安心していないということです。

「メリ子、めっちゃいい女だもんな。絶対ほかの男にもっていかれたくない！」と恋のマジックにかかっちゃっているのです。

男性のちょっぴり不安な気持ちは、マメさや優しさ、会いにくる行動力、手を繋いで街を散歩しているだけで愛情がビシバシ伝わってくるあたたかい感覚として表れます。

彼からのラブラブ光線が、どういう男心によって成り立っているのか？　ほとんどの女性が理解していません。だから愛情をガンガン伝えるとさらに恋を燃え上がらせる燃料になると勘違いし、「会いたい」とか「会いたかった」っていう言葉をじゃんじゃん投下しちゃうのですよね。ココ！　女性はみんな勘違いしがちなので忘れてはダメですよ。


彼も最初こそは「俺も♡」って喜ぶかもしれない。でも何度も続くうちに「あ、この子俺にベタ惚れなんだ」って安心して、ある意味お腹いっぱいになってしまうのです。

こうなると、男性の狩猟本能は鎮火し、デートをしていても以前のような愛情溢れたテンションではなくなってしまうのです。

するとどうなると思いますか？

女性は不安に駆られて、ますます「会いたい」を連呼するようになります。

『彼、前と変わった？　俺も会いたいって言ってほしい。今すぐ会いにきてほしい……』

会いたいという言葉を使って彼を試し出す。でもこのころには彼は貴女に対してお腹いっぱいの状態だから、その言葉にこう思ってしまう。

『出た……めんどくさい……。恋愛以外にすることないのかよ～』

それでも彼女ですから、「俺もだよ」と返してくれたり、会ってくれたりすることでしょう。

だけどそのときの心情はドキドキしたり、会うのが楽しみだったりというモノではなく、「会わないと彼女がメンヘラ入るからな～」的な義務感によってなのです。

彼が会ってくれたのに楽しくなさそうだったとき、これ以上に寂しい感情になることってないですよね。私も昔は「会いたい」「寂しい」を連呼して重い女をやらかしていました。

言えば言うほど、彼の心が離れていくことに気がつかずに……。

2人でいるのに寂しい。どうかそんな状態にならないために、次のことに気をつけてください。

「会いたい」は恋のエッセンス的に使う言葉であると知るべし！

なにも絶対に彼に会いたいと伝えちゃいけないワケじゃないのです。

STEP 01
マインドセット

「メス力」を使って貴女が恋愛以外の人生を充実させていると、彼は不安そうな顔をしたりするでしょう（かわいい）。

そんなふうに彼が不安を感じているときに不意打ちで貴女が「会いたかったよ♡」と言えば、彼のキュンキュンが止まらなくなるのです。

想像してみてください。甘めなセリフをカンタンに言わない彼が、急に後ろから抱きしめてきて「会いたかった」と囁いてきたらどうです？　きっと貴女は萌え狂って「だ、抱いてくれ〜!!　今すぐに!!」とハート撃ち抜かれるでしょう？

「会いたい」「会いたかった」はエッセンス程度にふりかけるのが、恋を燃え上がらせる燃料としての正しい使用方法です。

不意打ちで言い放って彼をドキッとさせてみてくださいね♡

LESSON 06

料理上手をアピールするほど、軽んじられる

恋愛初心者や頑張って「女子力」を磨いている女性にありがちですが、料理上手をアピれば、彼女にしたい、奥さんにしたいと思われるに違いない！　そう思ってはいませんか。でも、そもそも男性は料理ができるかどうかで「ど本命」を選びません。むしろ料理上手をアピってきたら、必死さが伝わってきて引くという人も。貴女も結婚を意識するあまり、ついアピールしすぎてはいませんか？　しかも、それでもし結婚したとしても、その先の結婚生活が貴女の望んでいる形になるかどうかは微妙なのです……。

料理上手をアピールすることは、男性が収入の多さをアピールすることと同じ

知人に外資金融系企業に勤めていて、めちゃくちゃ稼ぐ男性がいたのだけれども、その男性が口を開けば収入自慢を始める癖があったのよね（マウントとられて周りの男性陣は死んだ魚の目をしていたわ）。

散々年収自慢、港区自慢をした直後に「ていうか世の中の女は金目的のヤツしかいない！」と女ｄｉｓりを始めるワケ（笑）。

だから直球で「そりゃ貴方がお金の話ばっかりするから、そういう女が寄ってくるでしょうよ？」と斬り込んだら、「でもそれしか俺の長所ないから……」ってしょぼんとしていたことがあったのですよね（神崎メリ、メス力底辺時代の地雷踏み行動に苦笑）。

この話を読んで「うわ～収入自慢系おクズ様ホントムリ～！」と思いましたか？

でもこれと同じようなことが料理上手をアピる女性にも起きているのですよ。

「冷蔵庫にあるものでパパパッてご飯つくっちゃうね」

「あ、いいよいいよ～今日はうちで私が料理ふるまうね（コース並みの料理ドヤ）」

結婚前から腕をふるって料理して、いざ入籍して数年経つとみんなこう言いだします。

「うちの旦那さ～、食べ終わったお皿ひとつシンクに運ばないんだけど！」

「いちいち味にケチつけてくるの」

「今日は外食しよう！　行きたいイタリアンがあるって提案したら、『メリ子がつくればタダだろ？　パスタの原価いくらだと思ってんの？』だって（怒）」

「共働きなのに自分だけ毎日料理するの本当に涙が出るくらいしんどい」

「私は料理長でも家政婦でもあんたのお母さんでもないんだよ！」

世の中の「プロオカン」たちの叫びです……。

結婚すると料理は男の気を引く道具ではなく、日常になります。

料理上手を自分の1番のウリだとアピってきた結果、超当然のごとく男性は、「え？　そこが買いポイントだと思って結婚したんだけど？」と思うに決まっているのですよ。

STEP 01
マインドセット

ほら、収入自慢する男性には、当然それを期待した女性が寄ってくるではありませんか？

「やった♡　憧れの港区で専業主婦だ♡」と思って結婚したら、「確かに俺は収入あるよ？

結婚前はそれで君を釣ったかもしれない。でももう話は別。悪いんだけど働いてくれない？

もちろん家計にお金入れてね」

「だっ騙された……！」

これと同じ、相手からしたらある種の騙し討ち状態になるのです。

料理で男性を釣って結婚して、結婚後少しでも手を抜こうとしようものなら、「今さら料理手抜きするとか、詐欺じゃね……？」って男性は思うのですよ！

そもそも。

貴女は料理上手な部分を買ってもらって結婚してほしいのですか？

自分のことを「ど本命」として愛してくれる男性と結婚したいんじゃないのですか？

もしかしたら、貴女のことが純粋に気になっていた彼も、料理上手を散々アピられた結果、「気になる子」から「料理つくってくれて楽できそうな子」に気持ちがすり替わってしまう可能性があるのですよ（もったいない！）。

料理上手は恋愛のサプライズとして効果的に使うべし！

とはいえ、料理上手であることはシンプルに魅力でもあります。普段はアピらずに隠しておいて、ここぞのタイミングでサプライズ披露することで、「メリ子……底知れぬ魅力があるな……！」と男性を感激させる武器にしちゃいましょう♡

①友人たちとのホムパで手際のよさをチラ見せ（場を仕切る必要はナシ！　むしろ仕切り屋禁止!!　仕切る人のサポートに回って手際のよさを感じさせて）

②つき合ってる場合は、彼の誕生日に披露（毎回手料理ふるまうと秒で当然だと思われる、記念日に絞れば彼の感激はひとしお。ちなみにつき合ってないのに手料理ふるまうのは、御法度ですよ）

正直、この程度で充分男心を惹きつけられるのですよ。

手料理をやたらとリクエストする男に要注意！

そうそう、あと、結婚前からやたらと手料理をリクエストしてくる男性には注意してください！

貴女に尽くさせようとする男性は、高確率で「結婚後、家政婦代わりになってくれる女性」を探そうとしています。

「え〜一緒につくろうよ〜♡」「メリ子、オス太郎くんの料理食べた〜い♡」とかわしたときの反応をよ〜く見ておくことですね。

「んだよ〜つくってくれねぇのかよ」とか逆ギレ起こす男性は「おクズ様」としてハンドミキサーに投入しちゃってポイしちゃってくださいませ（合掌）。

さあ、貴女は「ど本命」として結婚を望まれたいですか？

それとも「プロオカン」として家政婦扱いされる結婚がしたいですか？

LESSON 07

尽くせば尽くすほど、愛想を尽かされる

好きな人を一生懸命かまってあげているのに、彼女として選ばれない貴女。つき合っても「私、貴方のお母さんじゃないんだけど！」こう彼氏にキレたことがある貴女。自分から「プロオカン」に成り下がっている可能性が大ですよ！　男性から女性扱いされず、結婚しても男を「モラ男」（12ページをご参照ください）に育てる「プロオカン」。なぜダメか、どうすればいいのか、ここでしっかりおさらいしておきましょう。

「プロオカン」は女の人生の苦しみの第一歩

復習になりますが、「プロオカン」とは、まるでお母さんのようにあれこれしてくれて、

もはや恋愛対象として見られないタイプの女性のこと。

大好きな人にいそいそと尽くしだすと、どうしても「プロオカン」に成り下がる。これが、メス力的定義です。

尽くしてばかりいると、つき合っても、たとえ結婚したとしても、彼のモラハラスイッチを押してしまう。この流れが日本人女性にあまりにも多いのは、「古き良き良妻賢母」像に無意識のうちにとらわれてしまっているからかもしれません……。

これから結婚する女性に知っておいてほしいのは、どんなに優しい男性であっても貴女が「プロオカン」をやってしまうと、「モラ男」になる可能性を秘めているということ。

ネットの掲示板を見てください。専業主婦で子どもを抱え、モラハラされても経済的に子どもに充分な教育を受けさせてあげられるか不安で離婚できない女性たちや、兼業主婦で家事育児丸投げされて心身ともに消耗しきって苦しんでいる女性たちの姿を。

貴女が男性に尽くすタイプなら、おそらくそれは将来の貴女の姿です。

きっと彼女たちだってよかれと思って、交際しているときに彼のお世話を焼いたりしていたハズです。愛する人を幸せにしたい愛情深い女性たちでしょう。

私は日本中に蔓延している「尽くす女＝彼から愛される」の方程式は間違いですよ、と「メス力」を通して広めていきたいと考えています。私自身、シングル家庭出身なのですが、母の背中を見ながら女手ひとつで子どもを育て上げることの大変さを、「なんて女性は不利なんだろう……」と感じてきました。

それから人生のすったもんだを私自身が経験したのちに、男性心理を学んで気がつきました。尽くすのをやめたときに、男性の真の優しさやたくましさを引き出すことができるのだと。

だからもし、こんなふうに尽くしてしまっているのなら、即刻やめてください。貴女のためにも彼のためにもならないのですから。

モラ男に育てる「プロオカン」あるある10

①彼の家の家事をする（貴女は家政婦ではありません）
②彼の送迎をする（貴女は彼のドライバーではありません）
③彼にモーニングコールをする（遅刻しても自己責任！）

④彼のお金の管理をする（管理されると稼ぐ意欲がなくなる男性多し）
⑤彼のためにピルを服用する（避妊でも治療でも自分のために服用してください）
⑥彼の友だちや家族に必要以上に親切にする（普通でいいんです。周りに気に入られようとして外堀埋めようとしないこと！）
⑦彼の都合に合わせて自分の人生決定する（結婚してもらうために自分の夢を諦めた女性は高確率で結婚後に後悔しています）
⑧「なんで私ばっかり……」と感じつつ尽くし続ける（やり続けているうちはオカン扱いされるだけ）
⑨彼から理不尽なことを言われても受け入れる（仕事変えろ、友人切れ、遊びに行くな……なぜ受け入れてしまうの？）
⑩Hが一方的な内容でもガマンする（貴女は道具ではありません！ 痛いこと、辛いこと、場所を勘違いしていることは指摘しましょう）

尽くすと、なぜオカン扱いされて相手は「モラ男」になるのかというと、男性からすると「何もできない赤ちゃん」扱いされているに等しいからです。
「いいよいいよ、私やっておくよ」、これって要は「だって貴方にはできないじゃん？　無能な存在（赤ちゃん）なんだし」ってサインだと男性は本能で捉えちゃうのですよ〜！
赤ちゃん扱いされたら、当然彼女（妻）がオカンにしか見えなくなるもの。しかも超厄介なことに無意識に子ども扱いされたと捉えていて、本人まったく気がついていません！　だから男性自身、よくわからないけど彼女のことがオカンにしか見えなくなってしまうのですよね。

こうなると、「オカンだから無償の愛で俺様に尽くして当然」と言わんばかりに偉そうにしだすのです（「モラ男」スイッチオン）。それでいて「赤ちゃん扱い」されていることにプライドが傷ついているから、彼女に対してどんどん冷たくしてしまう（プライドを傷つけられた男性は冷酷）。

女性が「プロオカン」になって尽くせば尽くすほど、男性のプライドをズタボロに傷つ

けてしまって、俺様対応の「モラ男」に育つというワケなんですよ。そして超腹立たしいことに、こういう男性が浮気相手に選ぶのは、か弱いフリして「アイツは俺ナシじゃダメなんだ」と男性に思わせる同情を引くのがうまい女！

『はぁ～？　何があの子が心配だから力になってあげたいだよ！　こんなに私はアンタに尽くしてきたのに！　浮気相手のことは、お姫様扱いしてんじゃねぇかよ（激怒）』

こういうことになってしまうのよね……。

貴女はこれからも男性に尽くして「プロオカン」続けたいですか？

大好きな彼に甘やかされるお姫様になりたいですか？

ちなみに重要なことを最後に書いておきますが、生まれつきのモラ男体質は生粋の「おクズ様」です。彼らに「メス力」をやっても、誰とつき合っても変わることはありません。

さっさと「お見切り」して搾取される人生から抜け出してくださいね。

LESSON 08

女友だちに恋愛相談するほど、うまくいかなくなる

きっとこの瞬間も世界中で恋愛談義に花を咲かせている女性たちがたくさんいることでしょう。恋愛のモヤモヤやイライラを女友だちと共有して、気分を変えたい。その気持ちとってもよくわかります。しかし！　女友だちに恋愛相談をするのを「メス力」では疑問視しています。友だちに恋愛相談をしたらうまくいったという経験が貴女の過去にはありますか？

なんで女友だちに恋愛相談しちゃダメなの？

神崎メリ40歳。女友だちに恋愛相談した結果、かえって悪い方向にいってしまった女性

たちをぎょうさん見てきました。

女友だちに彼氏の愚痴を聞いてもらった瞬間は確かに気が楽になりますよね。「マジで彼氏ヒドくない？」「わかる～あるある！」と言ってもらえるとスッキリするものですものね。

でもねそのあと、問題の解決に向かうどころか、友だちの「ヤバくない？　大丈夫？」のひとことに彼への疑心暗鬼がむくむく育ってしまい、「私のこと遊びなんでしょ！」なんて絡んでしまったりと「ど本命クラッシャー」に繋がってしまうことのほうが実際は多いのではないかと思うのです。

だから女友だちへのその相談、ちょっと待ってください！

今からあげる相談NGパターンに自分は当てはまってないと言い切れるかチェックしてみてください。

①「彼氏ヒドくない？　問い詰めたほうがいいよ」とハッパをかける女友だち（ど正面から男性を問い詰めると「ど本命クラッシャー」やらかしてしまう）

②「もしかして浮気してるんじゃない？」と不安を煽る女友だち（完全に貴女の不幸を面白がってるわよ。その心配顔に騙されないで）

③「うちの彼氏くんはそんなことしないよ！　よかった♡」と人を踏み台にする女友だち（マウント体質の子は相手の心配よりも自分の幸せアピールが大切）

④「別にいいと思うよ〜」と無責任な女友だち（明らかにそのまんまじゃ２人が破滅するの見え見えなのにテキトーなことを言う）

⑤「超ヒドイ！　絶対メリ子悪くないよ！」と共感力が高すぎる女友だち（この手の子と話していると自分は悪くないって思い込んで彼氏に攻撃的になりがち）

⑥「え〜あの人？　やめといたら⁇」といい男との成就を邪魔する女友だち（この手の子は貴女が不幸なときは超親切にしてくるわ。幸せ掴みそうになったら水を差してくるタイプ）

⑦「あの人、私のことも口説いてきたよ♡」とライバル視してくる女友だち（本当のときもあるけれど、だいたい自分のモテエピソード盛る癖のあるタイプ）

⑧「メリ子、今あの人のこと好きらしいよ」と噂好きな女友だち（お口のチャックが壊れすぎ。貴女の恋愛話をほかの女子会のネタにしている可能性大！）

⑨「ねぇねぇ、メリ子があんたのこと好きらしいじゃん」と相手にぶっこむ女友だち（勝手に片想いを暴露したり、人の彼氏に説教したりするタイプ）

⑩「そういうときは◯◯したほうがいいよ」と嘘のアドバイスをする女友だち（1番怖い、親切そうに相談に乗っておいて、真逆のアドバイスを確信犯でするタイプ）

今あげた内容に貴女の大切な女友だちが当てはまっていなかったとしても、その女友だちのアドバイスが男性心理に基づいていなければ意味がないのですよ。

だいたいの女性がするアドバイスって「私はこうしたよ」「私はこうされたくないよ」「私ならこうするよ」といった、すべて「私軸」。

恋愛をうまくいかせるためには、「男ならこうしてほしいよね？」「彼は貴女のそのひとことでヘソ曲げてるよね？」「こうやっておけば男は機嫌直るよ」みたいな「男性軸」に立って考えることが大切なんですよ。

だから男心をマスターしていない女友だちに相談したところで、おかしな方向に話が流れてしまうだけ。そして「メリ子もこう言ってくれてたし……」と、男心を逆なでするふるまいをして「ど本命クラッシャー」をやらかしてしまうスパイラルから抜け出せないのです。

恋愛をうまくいかせたいのなら、貴女が「メス力」を身につけて、男心が読めるようになるのが何よりも１番なんですよ。

貴女は「男心本気でよくわからん……」「それがわかれば世話ないって」ときっと思っているでしょう。でも、ハッキリ言って男心ってじつは超単純ですからね。本書を読めば、わかるようになります。

わかるようになっちゃえば人様の恋愛相談を聞いていても、「あ〜ハイハイ！　この流れね。それはこうしたほうがいいわ」「あ、この子無意識に彼の地雷踏んでるな」とか全体像がパッと見えてくるようになりますよ。

「メス力」を身につけた読者さまからもよく「うちの父親クセモノだと思ってたんですが、じつは母親がクラッシャーでした……」「元カレがおクズ様だと思ってたんですが、私もやらかしてました(汗)」とか、「いろんな謎が解けました！」というような報告をいただき

STEP 01

ます。

女友だちに相談するのはその子が「メス力」高い人でない限り無駄です。

彼女たちとの関係に相談をもち込むのはやめて、前向きで楽しい時間を過ごしてくださいね！

相談をやめるには貴女自身が男心の翻訳機になればいいだけ。

この機能は本気で一生モノの武器になります。やらかし女だった私でも翻訳機になれたのだから貴女にもなれますよ！

LESSON 09

してあげればしてあげるほど、男はつけあがる

大好きな人の喜ぶ顔が見たいあまりに、いろいろとやってあげたい。その気持ちわかります。お誕生日プレゼントあげたら喜ぶかな、毎日お弁当つくったら喜ぶかな……それに、いそいそと準備する時間は楽しいものですよね。ところがそれ、じつは恋愛における男女の役割を逆転させてしまっているかもしれないのですよ！

彼の喜ぶ顔が見たくてプレゼント攻撃しちゃう女の末路

大好きな人とデートし合える仲になったり、つき合えるようになったウキウキ期。

街に出ると目に飛び込んでくるのは、彼が好きそうなモノたち。

STEP 01
マインドセット

「わぁ、このスニーカー彼が欲しいって言ってたヤツじゃん♡」

つき合ってもないのに、お誕生日のサプライズプレゼントするために購入しちゃたり、

「あ、そういえば彼の靴下穴空きそうだったから買っていこ〜♪」

結婚しているワケでもないのに、消耗品を買い換えてあげたり、

「最近栄養あるもの食べてないみたいだから、おかずつくり置きしとこ♡」

お母さんでもないのに、彼が寝ている間につくり置きのオカズをせっせと仕込んであげたり。

忙しい彼に変わって身の回りのことをしてあげたくて、彼の欲しそうなモノをプレゼントして「マジでいいの？　うれしい！」って喜んでほしくて、モノをあげたり、お世話する形でプレゼント攻撃しちゃう女性、何気に多いと思います。

たしかに最初のうちは彼も「マジ助かる！」って喜んでくれるでしょう。

でも気がついたら、貴女ばかりが何かしてあげる側になっていて、彼は感謝するどころかやってもらって当然な態度に！

「なによこの男。尽くしてくれたの最初だけじゃん！」と心にモヤモヤが溜まっていく……。

そしてウップンが爆発しケンカ勃発。

「あんたなんて私になんもしてくれないじゃん！　お返しすらしないわけ？　人間としてどうかと思うんだけど！」

「はぁ？　お前が勝手にしたことだろ？　俺が一度でも強制したことあるかよ！」

「さいって〜!!」そこから2人の溝は深まるばかりで破局に……。

これが男性にプレゼント攻撃した女の末路（ど本命クラッシャー）です。

彼の喜ぶ顔が見たくて、良かれと思ってプレゼントしたのにどうしてこんなことになってしまうのか？　**それは男女の役割が逆転してしまったから**なんです！

喜ばすのは男の使命、喜んであげるのが女の使命

ここで「プレゼント＝相手を喜ばす」についての男心と女心を解説しますよ！

女心：彼に喜んでもらいたいとプレゼントをする。「ありがとう」と彼が喜んでくれたとしても**無意識のうちに「次は私の番だよね♡ワクワク」と見返りを求める**（だから同性同士ならギブアンドテイクが当たり前。できない子は女友だちに厚かましいと干される）。

STEP 01
マインドセット

男心：彼女に喜んでもらいたいからプレゼントをする。「ありがとう」と言われたら「だろ？　俺って超いいヤツだろ？」と男心（プライド）が満たされる。**見返りは「ありがとう」の言葉と笑顔で充分。だからお返しするという発想がない。**逆に感謝されず無反応だったり、感謝されなかったりケチつけられると、口に出さないけど男心が傷ついて若干恨む。

貴女は、自分でも気がついていましたか？　無意識のうちに見返りを求めて「なんで私ばっかしてあげなきゃいけないの？」と思ってしまっていたのではないですか。じつは**女性は尽くすと心が枯れていくんです！**

男性がお返ししない理由は、自分がありがとうの言葉で充分満たされるから。**男性は尽くすと心が満たされるんです！**

「見返り」に対して感覚が違うから、女性がプレゼントすればするほど、イラつきが溜まってうまくいかなくなるというワケなんです。

大好きな彼を喜ばせたいなら、彼の男心を満たしてあげるのが1番のプレゼント！

それにはモノをあげる必要はありません！　お世話してあげる必要もありません！　彼がしてくれたことに、「え〜こっちのほうが良かった〜」とケチをつけず、「え？　いいのにごめんね」と謎に遠慮せず、「え♡　いいの♡　ありがと〜！　うれし〜」と笑顔で感謝することだけでいいんです！

もしまだつき合ってない仲でももちろん同じです。喜んでくれる受けとり上手な貴女にどんどん惹かれていくでしょう。受けとり上手な女性は間違いなくモテますよ。

貴女の笑顔と「ありがとう」がここまで彼を幸せにする破壊力をもっていたと知っていましたか？

お金はいらない。ギュンギュンに口角あげてけ！

男性にとっての最高のプレゼントは「ありがとう」とにっこり笑顔

LESSON 10

男に尽くさせれば尽くさせるほど、愛される

男に尽くされる女って、どんな女性だと思いますか？　もしかして、美女や魔性の女だけの特権だと思っていませんか？　いいえ。たとえ恋愛初心者さんでも、貴女が男性に尽くすのをやめて、男性に尽くさせる「メス力」を学ぶことができればそれは可能なのです。しかも貴女が幸せなだけじゃなく、男性も尽くすことによって幸せな気持ちになることができるのです！

「尽くされる女」っていかにも魔性の女って感じですよね。天性の奔放さがないとなれな

さそうなイメージだけれども、じつはもっと単純なことなんです。

貴女が尽くさず（プロオカン禁止）、彼には無限のエネルギーがあるって信じてふるまうことで尽くされる女になることがアッサリ叶うのです。

多くの女性は、男性のもつエネルギーのすごさを信じていません。

「実家暮らしだった彼に家事なんてできない」「無駄遣い癖がある人が家計管理できるワケがない」「激務の人が会いにくるワケがない」などと決めつけてしまいます。

そして「どうせ彼にできるワケないじゃん！」と勝手に諦めてしまっているから、彼のお世話をしてしまったり、口出ししすぎてしまったり、合わせすぎてしまったりするのです（プロオカンの実態）。

貴女にも心当たりはありませんか？　彼がカレーをつくってくれたとき、横から野菜の切り方を指図したこと。彼の掃除の仕方、スケジュール管理に口出ししたこと。

これをやられると男性は自分を信じてもらえていないと傷ついてしまうのですよ。

彼には料理の才能があったかもしれない。その可能性を信じずにつぶしたのは女性のほうかもしれないのです。

「私がやっておくから」「そうじゃないよ？　こうしてみ？」「違うって！　貸してみ？」

これほど男性のやる気を削ぐひとことはありません。

「うれしい♡　任せていい？」

逆にこれほど男性を張り切らせるひとこともないのですよ。

彼がしてくれたことが１００％理想通りじゃなくてもこだわらず、ただ無邪気に「うれしい♡」「ありがとう♡」「こんないい彼氏おらんわぁ♡」。これを繰り返すだけで、貴女は尽くされる女になれるということなんです。

あまりにもシンプルすぎて嘘くさいと思いますか？

男性は尽くされたときにお返ししようという感性はありません（重要）。ただ相手をオカン扱いしたり、パシリ扱いしだすだけなんです。

男は尽くすほどその女にどハマりするワケ

男性は自分が役に立つ人材であるか？つねに気にしています（無意識）。

「プロオカン」に尽くされて赤ちゃん扱いされると、プライドが傷つくと説明しました。逆に、おねだり上手な女性の側にいてそれを叶えてあげると、「俺は信頼されてる」「俺は必要とされてる」「こいつは俺がいなきゃダメだな」って自信がムクムク湧いてくるのですね。彼女の隣にいるだけで、自信が湧いてくるだなんて離れられるワケがないのですよ。もはや彼女は「俺様の自信発生基地局」になるんです。落ち込んだときでも殻に閉じこもらず、自信回復のために側にいたがることでしょう。

まだつき合っていない仲でも、男性は自信をもたせてくれる彼女に秒で告白してくることでしょう。

そして男性は手間暇、お金をかけたものに執着しだす傾向があります。

「こんなに俺が大切にしてる女をそうカンタンには手放せない」と執着するものなのですよ。

尽くしたい女であることで、彼の自信を回復させてあげられる。

これが本当の意味での尽くす女なのです。

①重い荷物は彼にもってもらう（力仕事は彼のお仕事）
②彼の「してあげようか？」は絶対断らない（断ると男性は傷つく）
③料理でも家事でもなんでも彼がしたがったら喜んで受け入れる（横ヤリ禁止）
④帰りは駅まで送ってもらう（上級者はホームまで送ってもらう）
⑤家まで送ってもらう（車、タクシー派の男性なら）
⑥疲れてるときは素直に休憩したいと言う（ムリはしない）
⑦高価すぎないものをたまにおねだりしてみる（それを大切に扱う）
⑧たま〜に「眠れないの。声が聞きたい」と電話して即切る（普段絶対しないからこそ効果抜群。俺がいなきゃダメなんだとルンルン）
⑨理不尽なことをされたり言われたら即距離を置く（自分を大切にする）
⑩彼のしてくれたことには秒で「ありがと♡」

どうか「こんなこと私の彼はしてくれない！」と決めつけないでくださいね。最初にお伝えしたように、男性のもつエネルギーはすごいのですよ。

激務でも貴女に尽くしたくて仕方なくなるし、むしろもっと労働条件のいいところに転職したり、貴女と会いやすい環境を勝手に整えたりしちゃうのですよ。

まだおつき合いしている男性がいない貴女も、「してあげる」ではなく「してもらう」ということを意識してください。おつき合いが始まる可能性大ですよ。

彼女から真っ直ぐに「貴方は私を幸せにしてくれる」と信じてもらった男性は、私たち女性があり得ないと思うことまで成し遂げてしまうのです。完璧じゃないけどその姿はスーパーマン。貴女だけのヒーロー！

彼に自信と生きる意味を与え、「あり得ない」を覆すほどのエネルギーを引き出す。

そんな唯一無二の女性に貴女はなりたくないですか？

LESSON 11

「ど本命」との恋愛ほど、若さや美貌は関係ない

恋愛は若くて美人な子だけが有利なモノだと思っていませんか？　「もうアラサー（アラフォー）だし……」って思っていませんか？　だけど、その「どうせ病」に縛られているうちは、幸せにはなれないのです。大丈夫です。美女でも若くなくても、幸せな結婚をし、幸せな結婚生活を送ることはできますよ。さあ、ＳＴＥＰ１の最後のレッスンです。貴女へ、「愛される女としてのスタンス」を伝授いたします！

愛されない女と愛されるアラサーの女

美女だけが「ど本命」を掴んで愛される……。

もしも貴女がそんなふうに恋愛を捉えているなら、超損をしています。

昔話になりますが、私には超絶美女の友人・涼子（仮）と、ごく普通のルックスでガッシリ体型の友人・光希（仮）がいました（フェイク有り：事実を元に一部脚色しています）。

涼子は身長167㎝くらいのスラッとした華奢な体格で、目がぱっちり大きくて、鼻も高く、とにかく無課金美女！　髪はサラサラでめちゃくちゃ色白で透明感のある肌。しかも良家のお嬢さん！

彼女がどれくらい美女かというと一緒にショッピングしていたところ、見知らぬ女の子に「めちゃくちゃかわいいんだけど（興奮）、一緒に写真撮ってくれませんか？」と言われるほど（私が写真を撮ってあげました。笑）。そんな彼女ですが不思議なことに恋愛はボロボロでした。

一方、光希は平均身長で、顔も普通な感じ（失礼でごめんよ）。ガッシリとしていて、男性に「お前さ〜もうちょっと痩せろよ〜」とイジられるキャラでした。が、そういうふうに上から目線でイジッていた男性がどんどん光希にどハマりしていくのを何度も見てきました。

当時は「魔性？　何？　なんかモテるね？」とよくわかっていなかったけれど、今ならその理由がハッキリとわかります。光希は一見おっとりしてすごく謙虚な雰囲気を出しているけれども、自分にすごく自信のある子だったんです。

ごくフツーの女・光希が超モテる理由

①ニコニコしていて感じがいい
②男性のギャグによく笑う
③「今日飲み行くぞ」と誘われても、「今日はムリだからまた誘ってね」と自分優先
④遊んでも「うち親がうるさいんだ〜」と23時には帰る
⑤押したらヤレそうと思われがちだけど、身持ちが堅い
⑥「私、臆病だからすぐにつき合うとかは……」と男を焦らす
⑦連絡がマメじゃない（男が不安になる）

「コイツなら落とせそう」と勘違いして近づいてきた男性たちを、「えええ？　この子カン

タンじゃない！」と狩猟本能に思い切り着火させて、翻弄していました。

ある友人が「あの人あんなイケメンなのに、なんですぐにつき合わないの？」と光希に聞いたところ、「大切にしてくれる人かしっかり見ないと女の子は泣きを見ちゃうよ？」と今まで見たこともない余裕のある微笑みを見せたんです。

今ならわかります。光希は自分という人間に揺るぎない自信があったからこそ、自分を卑下したり安売りすることなく、尽くすこともせず、すがることもせず、堂々と自分のペースでふるまうことで男性をトリコにしていったんです。ホント、イケメンとお金持ちばかりが彼女の周りでとり合いしてましたから。

「女は細身がいい」とか偉そうにのたまっていた男性が、まさかの恋する男のデレ顔で飲み会帰りの光希をただ家まで送迎してましたからね。つき合ってもないのに（笑）。

超ド級の美女・涼子が雑に扱われる理由

一方、ド級美女の涼子は、男性に尽くす女でした。あんなに美しいのに彼氏に貢いで、書くのもはばかられるようなヒドイ扱いをされていました……。彼女と話していると、エリートの家族の中で比較されて育ち、どこかオドオドしていて自信がないのが伝わってきました。

彼女たちの違いは、男性を目の前にしたときに自信のあるふるまい（メス力）をできるかどうかです。美女は確かにモテます。でも「ど本命」として愛されるかはまったく別問題。

【重要】貴女が自分自身をどんな扱いしているか？　男性は直感的に感じとり、その扱いをそのまんまコピペ対応してくるのです。

これを読んでいる貴女、自分に自信もっていますか？　自分を愛せていますか？

たとえばこんなふうに「私なんて」と自分を卑下しちゃってはいませんか？

①「もう○○歳だし」（ＢＢＡ扱いされます）
②「だってバツイチだし」（「バツイチのクセに」扱いされます）
③「シンママなんです……」（貴女の子どもを彼は邪険にします）
④「持病があって」（具合が悪くなると彼にウザそうにされます）
⑤「自分は母子家庭出身で、彼は坊ちゃんで」（貴女の家族まで下に見てきます）

⑥「ブスだし」（ブス扱いされます）
⑦「デブだし」（デブ扱いされます）

貴女のその「私なんて」の思い込みが、男性からの扱いに反映されているのですよ！

だから今すぐに「若くてかわいくなきゃいい人と結婚できない」、こんな思い込み蹴っ飛ばしてください！

貴女とつき合える男性はラッキーなんですよ

私が離婚したときに「もう貴女も若くないし、ぶっちゃけ恋愛厳しいと思うよ。バツイチとか正直さ、普通の男はイヤがるじゃん？」と有難い助言？をしてくれた方がいたのですが、それはその人が女性の年齢に対してそういう価値観なんだなぁと思い、「そだね～☆」とスルーしました（幸せになると私は心に決めていたのです）。

周りからのこういう刷り込み、ガッツリ無視して大丈夫です！

だって貴女はもうこの本を手にとって「メス力」を手に入れ始めたんです。

貴女に好きな男性ができたらこう思ってください。

『この人ラッキーだわ。だって私「メス力」で男心を満たせるもん♡　そんな女はそうそういないぞ〜』

年齢とか、見た目とか（小綺麗に整えるのは当然大切よ）、バツイチだのなんだの、彼の心を満たせる女になってしまえば、男性にとってどうってもいいんです。

そして好きな人の心を満たせる女になったとき、貴女は本当の意味で自信がついてきます。初めは不慣れだっていい。自分のため彼のために「メス力」を堂々とやってほしいのです。

「私なんて……愛される価値あるのかなぁ？」と思い悩むヒマがあるなら、「メス力」高めて、大好きな人のたった1人の女神様になりなさい。

「あばたもえくぼ」という言葉があります。

貴女に深く恋をしてしまった「ど本命」にとっては、貴女が欠点だと思い込んでいるところこそが、「俺しかわかってあげられない愛おしい部分」になるのです。

3つの「メス力マインド」で男心を掴め♡

　ここまでSTEP1を進んできましたが、大切なのは、

①尽くさない
②追いかけない
③自信のあるふるまいをする

　ということだと理解していただけたでしょうか？　この3つの「メス力マインド」を貴女らしさにプラスするだけで、男性の目に魅力的に映るのですよ。
　気になる人とのデート の前、婚活・マッチングアプリのアポの前に、この3つの「メス力マインド」を意識してみましょう！　目の前の男性の「ど本命」になれるかは、まずここからです。

男が選ぶのは美女でも若さでもなく、自分を大切に扱う女である

STEP 04 | STEP 03 | STEP 02 | STEP 01

STEP 02

見極める

その人、貴女を苦しめる
「おクズ様」かもしれません

なぜ男性を「見極める」必要があるの？

STEP1で「メス力マインド」をしっかり叩き込みましたか？　次に学んでほしいSTEP2、それは男性を「見極める」ことです。つき合っても大切にされない……。セフレから格上げしない……。いつの間にか、音信不通……などの原因は、好きになった男性、つき合う男性が「おクズ様」だから。「おクズ様」とは、貴女を大切にしてくれない男性のこと。「おクズ様」とつき合っても、絶対に幸せにはなれません。「おクズ様」から「ど本命」へ変わることもありません。だから、つき合う前に見極めることが大切なのです。では、どうすれば「おクズ様」を見抜くことができるのか。ここでしっかりレッスンします。貴女は大切にされるべき人間です。「おクズ様」の囚われから解放されましょう。「おクズ様」を見極め、男を見る目を養っていきましょう♡

LESSON 01

「おクズ様」とは絶対につき合ってはいけない

「メスカマインド」を身につけた貴女がこれから恋愛し、結婚をしていくうえで大切なことをお教えします。それは、貴女を大切にしてくれない「おクズ様」とはつき合ってはいけないということ。「おクズ様」が相手な限り、これから先一切幸せにはなれません。貴女の恋愛がうまくいかないのは、相手が「おクズ様」だからかもしれないのです。ここからは、将来の貴女を守るために超重要なステップ「見極め」のレッスンを始めていきます。

男性は心から惚れた「ど本命」にはメロメロ甘やかし放題で、それはそれは大切に扱い、連絡も「大丈夫か？　この人、年中スマホ見てないか？」とこちらが心配になるくらい超絶マメですが（大丈夫。「ど本命」恋愛中の男性は超集中で仕事しています）、たいして惚れていない「とりあえずの彼女」とつき合っているとき、思いやりという感情がビックリするくらい見事にスコーンとどこかへ消えてしまいます。

その結果、おつき合いして早々に超自己中な「おクズ様」に豹変。当然のごとく約束を破りまくり、浮気はするわ、音信不通になるわ、Hの内容まで「おクズ」だわ、最低な仕打ちのオンパレード！　しかも注意すると逆ギレする始末！

そんな「おクズ様」とつき合っている女性といえば、毎日友だちに彼のヒドイ仕打ちを報告＆相談し、ネットで恋愛テクニックを検索しまくり（彼氏　ＬＩＮＥ　増える方法）（マメじゃない彼氏　本気　遊び）、どうにかして彼に愛される方法がないか？　必死にもがきます。

「彼氏に即レスするな！」というコラムを読めばそれを実行しますが、彼からのＬＩＮＥが増えることはなくガッカリし、「なんでＬＩＮＥくれないの？」と問い詰めて、ウザそうにあしらわれて余計に苦しくなるでしょう……。

「男は束縛すると浮気に走る」というコラムを読めば、いろいろと聞きたいのをガマンしますが女の勘が働き、つい彼のスマホを覗き見すると、浮気の証拠がドン引きするくらい勢揃い（予測変換　あ行　愛してる　会いたい↓私に送ってきたことねぇ〜）。消えてしまいたい気持ちになるでしょう……。

「おクズ様」は絶対に変わってはくれない

「メス力」を身につけていくうえで絶対に勘違いしてほしくないことなのですが、「おクズ様」にどんな「メス力」を駆使したところで、貴女の扱いがよくなることはありません。

男性は最初から「ど本命」な女だけ大切に扱うモノなのです。最初に男性に「ど本命」と思わせて恋に落ちさせ、その優しさを「ど本命クラッシャー」をやらかして壊さず、より愛情を育むために使うのが「メス力」なんです。

「おクズ様」は治療不可能……。これを徹底して理解しなくてはいけません。

そうでなければ、貴女はこの先の人生でも「愛を注げば彼のこと変えられるかも……」

「きっとトラウマがあって癒してあげたら優しくなるのよね……」と勝手に希望をもって、

2年も3年もヒドイ仕打ちに耐え、かなり本気で人生を無駄にします。

「おクズ様」との恋愛は、貴女を「おブス」にする

スマホを覗き見しているときの顔、彼に浮気を問い詰めているときの顔、友だちにマシンガントークで彼の愚痴を話しているときの顔……。

ハッキリ言って表情が「おブス」だと思いませんか？　「おクズ様」とつき合うと、もれなく「おブス」になるオマケまでついてくるんです！

恋愛というのは、女性が満たされて表情がイキイキしなきゃ、する意味がないのですよ。

どうかこのことを頭に叩き込んでください。

大切にしてくれない「おクズ様」にすがりつき、心を踏みにじられ、若さを消費して残ったのは、トラウマと表情が「おブス」になった自分。

しかも恐ろしいことに、アラフォー以降になると、これが本当にその女性の顔になってしまうこともあるのです。

超ド級の美女なのに「おクズ様」に捕まり、雰囲気や表情や口癖に苦しみが出てしまい

「おブス」になった女性、何人も見てきました。

逆に、たとえ美人でなくても、「ど本命」と結婚したら、女性は夫に大切にされて肌がツヤッとし、柔らかな雰囲気になっていくのです。

貴女はどちらの女性として年を重ねていきたいですか？

「おクズ様」を変えることはムリでも、貴女は自分の生き方を変えることはできます！

貴女を「おブス」にしてミジメったらしい気持ちにさせるその「おクズ様」、今すぐにお見切りしてください！

このときにやっと「ど本命」と電撃婚するためのスタート地点に立てるのですよ！

「おクズ様」を見抜いたとき、「ど本命」との出会いが始まる

LESSON 02

こんな男に要注意!!
「おクズ様白書」

これから貴女の前に現れるであろう「おクズ様」を5つのタイプに分類し解説します。今連絡をとり合っている男性に当てはまるフシはありませんか？　過去の恋愛で「あ、いたいた、こういう『おクズ様』！」と思い浮かぶ男性はいませんか？　貴女の頭の中に入れておいて瞬時に見極められるようにしておきましょう。

【実録・おクズ様事件簿】
みんな「おクズ様」に遭遇している！

「はぁ……また『おクズ様』に引っかかっちゃった……（涙）。私ばっかりなんでこんな扱い受けちゃうんだろう……」

そんなふうに凹(へこ)んでしまうの、よ〜くわかります(とくに婚活中の貴女ね！)。男性(とくに好きな人)に理不尽な扱いをされてしまうと、女としての自分をまるごと否定されたような、まるで自分が無価値なゴミみたいな感覚になってしまいますよね……。

でもそれって貴女だけじゃないんです。私たちが恋を求める以上、「おクズ様」との遭遇は避けては通れない地雷なのですよ！

その証拠といってはナンですが、私のSNS読者さまからもたっくさんの「おクズ様に騙された事件簿」がひっきりなしに届いています！

私も読者さまからのコメントを読んでつい「サイテ〜」とつぶやくこともあれば、「あっるあるwww」と草を生やしてしまうこともあります。

読者さまの「おクズ様実体験」とともに「おクズ様」の分類&解説をお届けしていきます。

今まで恋愛で泣かされてきた貴女、「もう二度と『おクズ地雷』を踏むもんか！」、そんな気持ちでじっくりと読んでくださると幸いです。

女たらし系「おクズ様」（浮気、既婚、セフレ……）

THE女好き! 下半身がダラシなく、妻・彼女がいようがつねにセフレを探し求めている「おクズ様」。「好きだよ」「かわいいね」などの甘い言葉を連発する。避妊を極端に嫌い（女性のカラダのことなんてどうでもいい）、同時期に妻と彼女を妊娠させたりすることもある。マッチングアプリで女釣りするのが日課。

交際1年半で突然バツイチをカミングアウトされたYさんの体験

今は別れた元カレの話。バツイチをカミングアウトされたあと、なんとなくザワザワして「じつは既婚者とか?」と尋ねると、「今は独身、でも子どもができた」とまたまたカミングアウトされ、何が何だかわからず「何ヵ月なの?」と聞くと「3ヵ月」と……。しかも、その後彼が言った言葉が「再婚するつもりもないし認知もしない、だから君とも関係を終わりにするつもりもない」と呆れた回答。しかも妊娠3ヵ月ではなく生後3ヵ月と発覚！（バツイチ隠していたうえに、交際中にほかの女性とHし、妊娠・出産までさせていたということですね。その元カレさん終わってるな〜。神崎）

女たらし系「おクズ様」はこうして見極めよ

女遊びをしている男性とつき合っていると、Yさんのように「なんかザワザワする感覚」「会えない日の言い訳に違和感を覚える」、こういうことが必ずあります！　つき合う前の段階で、特定の時間帯や曜日に会えない（土曜の昼間〜夜など）男性には要注意です！　スマホの画面を見られないよう妙に気を使ってる男性も怪しいですし、つき合う前から馴れ馴れしくスキンシップをとってくることが多いです（下半身が暴走している）。

モラハラ系「おクズ様」（モラハラ、束縛、上から目線、DV……）

仕事のストレスや人生が自分の思い通りにいかないイラつきを、彼女や妻の一挙手一投足にケチをつけて人格否定することでウサ晴らしをしようとする。一見、自信家に見えるけれど内面は相当なコンプレックスの塊。彼女が人生を楽しんでいたり、自分の意見をもつことすら許せない。小馬鹿にした口調でいちいちどうでもいいことにまで反対意見を言い放ち、相手の自信をなくさせ、俺様の下に置くことで安心しようとする（チッセー男）。ガチギレすると手を上げることもアリ。

モラハラDVダブル「おクズ様」から逃げ切ったPAさんの体験

出会ったときからすごく大切にしてくれて、こんなに幸せでいいのか？と思っていた矢先、赤ちゃんを授かり、結婚した瞬間からじつはかなりサイコパスだとわかった元々旦那。友だちだとしても男と連絡とる意味がわからないと言われ、飲み会は行った時刻・始まるよの時刻・もう終わるよの時刻・帰ったよの時刻をＬＩＮＥしなければいけない＆なければ最強に恐怖の鬼電がかかってくる、その電話は向こうの気がすむまでかわいく謝らなければ終わらない、挙句スマホにＧＰＳをつけられる、お金の使い方や車の運転のことで少しでも気に入らなければキレる＆見下される、毎日がケンカで最終的には別れ話がもつれて首を絞められ床に叩きつけられ、寝ている愛娘（まなむすめ）に向かって「こいつ殺したほうがお前は生涯悔やむか？」と言われ、逃げるように離婚（うわ〜離婚できてよかったですね……神崎）。

モラハラ系「おクズ様」はこうして見極めよ

「モラ男」はニコニコして感じがよくても、ふとしたときに貴女を見下している発言をポロッとしてきます。貴女の仕事、友人、出身地（出身校）、これらのものをバカにした発言をしてきたら、間違いなく交際後「モラ男」に豹変します。また、自慢話が無駄に多く、職場の人間を「あいつら能ナシだから」的にバカにした発言をします。

その一方で自分の家族のことは妙に崇拝し、「俺の嫁になったら神崎家のルール絶対だから」的なことを匂わせてきます。結婚後DVタイプに進化することも多いので、とにかく「見下されてる？」と感じたら即お見切りすることです！　逃げようとしているのを察したら、ワザと妊娠させてきたりします（ヤバイヤバイ）。

お金にダラシない系「おクズ様」（ヒモ、金にルーズ、セコイ……）

見栄っ張りで自分を高く見せるために借金してブランド品で身を固めるタイプ、ギャンブルにハマり込み借金地獄に落ちているタイプ、そして働く意欲ゼロのヒモ男タイプがいます。どのタイプにも言えることなのですが、他人からお金を引き出すために嘘を平気で吐く、虚言癖の傾向があります。最終的には詐欺や窃盗などに手を染め、「犯罪系おクズ様」に化ける可能性があるので要注意！

彼女に借金させようとする「おクズ様」Pーさん実体験

とにかくつねにお金に困っている人で、お金貸してと言われるのはしょっちゅうだった彼。私もお金に余裕のあるほうではなかったので貸せないと言うと「お前のクレジットカードってキャッシングできないの？」と私にキャッシングしてまでお金を貸してもらおうとしていた（スマゲーで課金地獄とかにハマってるタイプだったかも。神崎）

デートで自分だけクーポン使うセコケチ「おクズ様」Sさん実体験

いいなあ♡と思ってた人と3回目のデートで、映画を見に行ったのですが……、彼はクーポンでタダでチケットを手に入れ、私は自分の映画代を丸々払いました！　ドン引きして次のデートはお断りしましたー（笑）。（セコすぎて100年の恋も冷めるわ〜！　結婚後は経済的「モラ男」に進化する可能性が高いタイプでもありますよ。神崎）

お金にダラシない系「おクズ様」はこうして見極めよ

愛よりも友情よりもとにかく「金命」なこのタイプの男性は、デートの初回はご馳走してくれたとしても早々に割り勘を1円単位で切り出してくるので、ある意味見極めやすいです。あとは彼の仕事の収入に見合わないブランド品を身につけていたり、（分不相応に）高級車に乗っている男性も借金癖がある可能性アリ。「金貸して」のひとことが出たら、秒でお見切りしましょう（入ったお店がカード不可で手持ちがどうしてもなくて立て替えてとかは別ですが……とはいえ、これが毎回の場合は、確信犯です）。

彼女に借金させたり、昼職をやめさせて夜職に転職することを勧めてくることも多々ありです（汗水流してアータが働け！　神崎）。

ヒマつぶし系「おクズ様」（仕事、趣味、友だちづき合い優先）

「ヒマだから」彼女をつくったり、「定期的にHしたいから」とりあえず彼女をつくるタイプ。LINEの返信も気まぐれで、仕事が休みで友人とも都合がつかなかったような、マジでヒマな日にだけ彼女と会おうとします（ヒマつぶし要員）。もしも友人から「今日飲もうぜ」と連絡があったら、平気でデートをドタキャンしてくるのもこのタイプ。女性は真剣につき合っているつもりなので、いつもふりまわされて寂しい思いをすることになります。

恋愛の優先順位底辺な「おクズ様」Aさん実体験

彼氏はいつも定時18時で退社しているにも関わらず、LINEの返事が1週間ないことがザラなので、返事が欲しいと言うと、スタンプ1個だけ送られてきました。しかも、某パンダがプールに浮いて、ほぇ〜って顔してる意味不明なスタンプ。もう少し連絡をとりたいと言うと、めんどくさいと言われました（は？　彼女つくる資格なし。ｂｙ神崎）。

ヒマつぶし系「おクズ様」はこうして見極めよ

この手の男性は、つき合って早々に「忙しい」を連呼してなかなか会えなくなってしまいます。でもこれは嘘。ムラムラしたり、本気でヒマなときだけ貴女と会えればいいので忙しいフリをしていることがほとんどです。つき合う前の段階で、すっごく好かれている「ど本命」感覚がなく、妙に「俺は束縛とかしないよ？」「恋愛にのめり込むタイプじゃないんだよね」的な物言いをして距離感を保とうとしている場合要注意。Hしたら引くほど興味なさげな態度を隠さなくなるので、つき合う前の「ど本命行動」がちゃんとあるかで見極めてください（暇人の相手して人生消費してる場合じゃない！）。

犯罪者系「おクズ様」（犯罪、薬……）

世の中にはとんでもない犯罪気質の男性がいます……。詐欺、窃盗、違法薬物などに手を染めている男性と関わってしまった場合、大きなトラウマを背負うことになったり、犯罪に巻き込まれてしまったりと人生が台無しにされてしまう可能性が大きいです。

▼香典泥棒「おクズ様」匿名さんの実体験

父親の葬儀のお香典の余りを勝手に抜きとっていた。私は1人っ子、母親なし、お香典の場所は一切教えていない（なぜ場所を知ってたのかと考えるとホラー並み）。「こんなヤツと将来一緒にいて何になる」と見切りをつけて即、彼をお見切りしました。ちなみに、縁を切ると同時に全額返していただきました（罰当たりめ！　神崎）。

犯罪者系「おクズ様」はこうして見極めよ

犯罪者系「おクズ様」の場合、交友関係に気をつけてください。彼の友だちはいわゆる「反社」っぽい風貌の方ではありませんか？　なんの仕事をしているのかわからないけど、妙にお金回りがいい話が多くありませんか？　この手の男性は店員さんに横柄な態度をとることが多いです。また、薬をやっているような兆候があればただちに離れてください（言動が不可解、寝ている様子がないなど、薬によって症状が違うようなので「ん？」と感じたら調べてみてください）。

「おクズ様」の兆候に気づいたら秒で切れ！

LESSON 03

「おクズ様」を見極める！

女性が傷つかないために大切なのは、つき合う前の段階で「おクズ様」をさっさと見極めることです。じつは「おクズ様」はやりとりの中で必ず「おクズ様」の兆候をポロッと出しています。そんな「おクズ様ポイント」を見逃さずにしっかりと見極めましょう！　とくに男性を疑うことを知らない一途体質の貴女！　見極め方をこれから伝授します。

イマイチ男性を見る目に自信がない貴女や、恋すると盲目になりがちな貴女、今まで何度も「おクズ様」に泣かされてきた貴女へ、恐ろしい真実をお伝えします。

貴女を口説いてくる男性は100%カラダ目的です！　その中のわずか2%が貴女の心も愛している「ど本命」なんです（本気の男性であってもHはしたいのよね、当たり前だ）。

今まで「おクズ様」を見極めようだなんて1ミリも思いつかず、ボケ～と口説かれていたから、貴女のカラダだけが目的の98%の「おクズ様」の餌食になってしまっていたということ（全員一度は通るおクズ道）。

「メス力」では貴女が女性として大切にされ、安心感に包まれる「ど本命」恋愛以外は一切オススメしていません！「おクズ様」との恋愛はいかなる場合でも禁止です！

だからこれから出会う男性のこんな部分にしっかりと目を光らせてくださいね。

「うっ、当てはまってる……けど彼は人と違って変わってるところあるし」「でも大好きってこんなに言ってくれる人いないし」「愛情表現なんて人それぞれだよ」「Hすれば本気になってくれるもん！」

……こんな自分に都合のいい解釈はダメですよ（喝）。

「おクズ様」の兆候をデートの段階で見逃さなければ、Hしたあとに逃げられたなんてことにはなりませんし、つき合ったあとに「モラ男」に豹変されて、そのときには貴女はハマってしまって離れられずに苦しむなんてこともありませんからね！

騙されないで!! こんな男が「おクズ様」です！

①「君のためを思って」と上から目線でアドバイスしてくる（自分に都合のいい女にカスタムしたいだけ。優しいっぽいけれど「モラ男」率高し）

②普段レスが遅いクセに「今から会える?」と突然呼び出してくる（貴女とHしたいときだけマメに連絡してくる男。本命彼女が旅行でも行ってて浮気したいだけかも）

③照れもせず「タイプなんだ」「かわいい」連発（甘い言葉を使えばHさせてくれるとナメています）

④デートの待ち合わせ先が相手の都合がいい場所（わざわざ足を運ぶ価値がないと思われています）

⑤店員に偉そう・タメ口（間違いなく結婚後の貴女への対応はコレになります）

⑥基本的にレスが異常に遅い（同時並行で女を口説いてる可能性大）

⑦本気アピールしてくるのにアプリのプロフ更新（ほかの出会いも探し中）

⑧3回目のデートまでにHに誘ってきた（そろそろHして次の女に行きたい）
⑨職場を隠す（アプリなどでの出会いの場合、名刺交換を提案すること）
⑩住んでいる場所を妙にボカす（既婚者・同棲中の可能性大）
⑪つき合う前なのにデート帰りに「家行ってもいい？」と聞いてくる（ホテル代も出したくない。節約H目的。サイテー！）
⑫「結婚願望がない」といきなり告白（君のことは遊びだよ）
⑬トラウマがあってつき合うことが怖いと告白（セフレになってくれ）
⑭「俺マメじゃないから」と言う（だから放置してもガタガタ言うなよ）
⑮「イベントとか興味ないし」と言う（お前にお金かけさせるなよ）
⑯土日の昼間会ってくれない（ほかに本命の女がいる可能性大）
⑰「料理とか好き？」としつこい（結婚後、家政婦になってくれる女探し中）
⑱「割り勘主義なんだよね」と告白（君にお金払う価値はない。Hだけさせろ）
⑲カラダにさり気なく触れてくる（貴女と今日Hできそうか探っている）
⑳貴女の話に興味なさそう（この時間を耐えればHできると妄想中）

㉑つき合う前のデートなのにスマホ弄り（いじ）が激しい（もはや貴女に興味がない）
㉒つき合ってあげてもいいんだけどスタンス（寂しいんだろ？　Hしてあげようか？）
㉓「仕事が忙しくて恋愛は二の次」と言う（俺がHしたいときだけ会おうね）
㉔「カラダの相性確かめないと」とHにもち込もうとする（食い逃げする予定）
㉕貴女の好きなものをバカにする（貴女のカラダには興味あるけど人格には興味ナシ）
㉖ドタキャン・遅刻が多い（貴女の優先順位が低い証拠）

貴女のことを大切にしたい「ど本命」は、この26項目に1個でも当てはまる言動をしないと、断言します！


男性は基本的に女性よりも単純で素直なイキモノなので、本音が隠しきれません。

どんなに貴女に「一目惚れした！　大好き！　つき合おう」と本気なフリをしたところで、変に連絡がつきにくかったり、「実家だからさ〜」と住んでいる場所をボカしたりして、「ん……？」と違和感を感じる部分が絶対にあるハズなのです。

その違和感を「でも今度こそ運命の人であってほしい」という相手への勝手な期待から

「気のせい！　私ってば考えすぎ！」と見て見ぬフリを決め込んでしまうのです……。

「おクズ様」に引っかからないためにはその違和感を絶対に無視してはいけません！

貴女がしていることは、あんパンが明らかに腐りかけているのに「気のせい気のせい！　あのパン屋の独特の味付けでしょ！」とほおばってしまうのと一緒！

毒なんや、腐っているんや、カビてるんや、その「おクズ様」は。バイキ●マンに侵されているんや。

くっさい怪しいニオイがしたら、相手が顔面どタイプのイケメンでも「これ、メス力本で読んだ『おクズ様』の兆候じゃ？」と冷静になって相手を見極めることです。

神崎メリの「おクズ様」事件簿（実体験）

私自身も「見極め力」に助けられたことがあります。

とあるステキな紳士に「信じてもらえないと思いますがタイプすぎて、デートに誘ってしまいました」とあたかも男一世一代ふうに誘われ（しかも名刺の裏に走り書きで書いてあった）、デートへ行ったものの、店員さんへの対応に「もしかしておクズ様？」と動揺。直後に軽めのボディタッチをされ「やっぱおクズ様や！」と確信し、そのまま秒で疎遠決行（今さら「おクズ様」と遊んでるほどヒマはねぇぜ）。

その後、「メリを口説いてたあの人SNSで炎上してるよ。笑」と友人から連絡があり、SNSを見にいったのですが……、「交際●年の彼女と入籍しました！」と報告をしていて、「ヲイヲイ、口説いてた時期とドンピシャかぶりやんけ！」とビックリ仰天。

危うく結婚前の火遊び相手にされる寸前！

しかもコメント欄が炎上。「最低男！　お金返せ！」「元カノですがこの男は～」「元カノという証拠写真貼ります」「元妻ですが～」だとか、もうそれはそれはカオスで……。

心の中で叫びましたよね。「あっぶな!!　セーーーフ！」。

あの炎上の中で1番キレていたのは私だったかもしれません……。

貴女も自分の身を守るために「おクズ様」を見極めてくださいね！

「おクズ様」を見極めると幸せな結婚に一歩近づく

LESSON 04

「ど本命」を見極める！

「おクズ様」の見極めはいかがでしたか？　じゃあどんな人が「ど本命」なの？と思う方も多いでしょう。そこで、ここでは貴女の運命の男性「ど本命」の特徴について紹介していきます。「こんないい男、本当にいる？」と思われるでしょうが、たくさんの読者さまから「メリさん！　『ど本命』の特徴全部に当てはまる人、本当にいました！」と驚きの声がたくさん寄せられています！　さあ、貴女の運命の人の特徴、頭に叩き込んでおきましょう！　キーワードは「絶対的安心感」です。

【つき合う前】

①デートを一度「忙しい」と断ったとしても何度でも誘ってくる
②LINEのやりとりがスムーズ。基本的に相手が秒でレスしてくる
③デート初回、緊張している様子すらある（余裕などなく勝負にきている雰囲気）
④曖昧な関係にしない。貴女を独占したくてきちんと「つき合いたい」と言う
⑤最初から結婚を見据えた発言をする（してあげる感じゃなく君としたい！感）
⑥デート中、下ネタトークやベタベタとスキンシップをしない
⑦割り勘にしない（貴女の前でカッコつけたい）
⑧カラダの関係を焦らない（チャラ男とだけは絶対に思われたくない）
⑨デート後、駅、改札、ホームまで送る。自宅まで送る人も（家に上がらずに）
⑩女性側が不安になるほど、熱心、猪突猛進、一途、情熱的な雰囲気ダダ漏れ

【つき合ってから】

①貴女のことを否定しない！　考えが違っても耳を傾けてくれる

②貴女の親兄弟、子ども、友人を大切にしてくれる
③Hが感動するくらい愛情がこもっている（今までのお粗末Hがバカバカしくなる）
④貴女の仕事、夢を応援してくれる。いつでも力になろうとしてくれる
⑤貴女が落ち込んだときや困ったとき、予定キャンセルしてでも駆けつけてくれる
⑥Hしない日でも「ひと目でいいから会いたい」と足を運んでくれる
⑦女の影などの不安とは一切無縁（じつは裏で勝手に清算しているのです）
⑧貴女が幸せになる条件での結婚を考えてくれる（俺様ルールを押しつけない）
⑨いつ何時でも驚くほど優しい。キレたり、八つ当たりしたりすることがない
⑩たとえ自分の親に反対されても貴女を守る。一緒になる決意は揺るがない

どんなときも「ど本命」は貴女に不安を抱かせない

LESSON 05

彼氏が「おクズ様」なんだけど別れられない貴女へ

「くっ……この本を読み進めるほど現実を突きつけられる……私の彼、間違いなく『おクズ様』だわ」という現実が見えてきたとしても、別れられない女性はたくさんいると思います。そんな貴女に「おクズ様」のお見切りの仕方をレクチャーしていこうと思います（辛口ですが、絶対に読みきってね）。

貴女は本当はわかっている。この恋を諦めるべきだってこと

交際中にも関わらず、この本をわざわざ手にとってくださった貴女は、彼に対してきっとこんな思いを抱えているハズです。

「この人、本当に最悪」「浮気疑惑何回許したかな、ありえんよね」「また約束バックれられて『ごめん風邪で寝てた〜』だよ！　ぜぇったいに嘘！」「マジでいつになったら結婚できるの〜？　もう私30歳だし、つき合って3年目だよ!?」

この男といるうちは幸せになれないって頭の片隅ではわかってる。

嘘、裏切り、浮気、不誠実な態度。結婚話を出せない謎のオーラを放たれる。何ひとつ築けなかった信頼関係……。

だけど認めたくない。何か2人の関係がよくなるヒントが欲しい……。でもそんなモノないことも本当はわかってる。好きって気持ちが消えてしまったら楽なのに……。

最悪な仕打ちをされてるのに、なぜ別れられないのかな？

辛口ですが、直球で言います。きっと貴女は1人になるのが怖いだけ。それを愛や情だと自分の中ですり替えてしまっているだけ。

貴女を大切にしない「おクズ様」でも、月に数回会ったり、カラダを求められている瞬間だけは自分が1人ぼっちじゃない気がして、何年も一緒にいれば、「私と結婚する気が湧いてくれるかなぁ？」と期待する。

また一から出会いを探しても、いい人なんかいないかもしれない。

「もう若くないし、婚活パーティーとか20代前半の子じゃないと不利だって言うし、こんな男だけど別れたらずっと1人ぼっちの人生かもしれないし……」

「だいたい結婚してもラブラブな人なんていないんだし、誰と結婚しても同じだよ」

人生なんてこんなものだよ。恋愛なんてこんなものだよ。結婚なんてこんなものだよ。男なんて何年かつき合えばこんな感じでしょ？

1人になることが怖くて、何度も何度も「人生こんなもんだよ」の言葉たちで自分の不安や、愛されていない事実にフタをして見ないようにしているんだよね。

それでも貴女の心の奥にある、1番ピュアな部分が反発してくるんだよね。

幸せになりたいよ。諦めたくないよ。優しくされたいよ。寂しいよ。

愛されたいよ。イヤだイヤだ冷たくされるのはもうイヤだよ！

ピュアに愛情を求める本音たちが、「こんなもんだよ」で重しをしたフタを開けようとしてもがき叫ぶ。貴女は本音を見て見ぬフリしたいのに、そうしきれず苦しくて、ふとしたとき涙が止まらなくなってしまう。

自分の本音を無視し続けると心が壊れてしまうよ。

貴女をそこまで追い詰めている「おクズ様」、本当に一緒にいる価値はあるのかな？

１人になるのが寂しいと恐れているだけで、離れるとせいせいするんじゃないのかな？

貴女は自分が思っているよりも、ピュアな心の持ち主です。

たとえ人様に言えないようないろんな経験をしてきたとしても、心は汚れてません。

その心が「おクズ様」に破壊されないように守ってあげられるのは、貴女しかいないのです。離れる勇気をさ、出してみようよ。

これから「おクズ様」との別れ方をレクチャーします。

これでスッキリ！「おクズ様」のお見切りレッスン

①自分の心にケジメをつけたいのなら「私と1年以内に結婚する気ある？」と直球で聞く。
おそらくフラれるので「やっぱり私のこと本気じゃなかったんだ」と気持ちの整理をつける（１人のとき大声で泣こう。鼻水？　ガンガンかもうや）

②「今までありがとう」と感謝の気持ちを述べて別れる

③ＤＶ・暴言・モラハラ系の「おクズ様」は別れ話に逆上する可能性があるので、ファミレスなど人気（ひとけ）のある場所で話をする。個室・自宅・車で話さない（約束だよ）

④貴女の気持ちが冷めてきているならＬＩＮＥで別れを切り出してもいい（③の「おクズ様」も同様）

⑤別れ話を察知して先手打ってフってくるプライドの高い「おクズ様」もいるけれど、傷つかないこと！（自分の人格を否定しない）

⑥別れ話にすがってくる「おクズ様」もいるけれど、またすぐに裏切られるので絶対に寄りを戻さないこと！

⑦別れ話中にＨをしないこと！　貴女を逃がさない手段としてワザと子どもをつくってくる「鬼畜おクズ様」がいます！　入籍後、即離婚の報告続出！

⑧彼からされた仕打ちを書き出してみよう。冷静に超最低では？

⑨別れたらＬＩＮＥやＳＮＳでの繋がりを絶つこと！　１人の夜に寂しくなってうっかり連絡してしまわないために！

⑩約1年間はいい思い出ばかり思い返してしまうのは心理学的あるある。それを未練と履き違えないこと！

私のSNSにも「おクズ様」と別れられずに苦しんでいると、読者さまからコメントがたくさんあります。貴女だけではないので安心してくださいね。

でもね「おクズ様」をお見切りして「メス力」実践した読者さまからは、「『ど本命』と巡りあえました‼」とか、「人生が好転しました！」とご報告をいただくんです。

「おクズ様」をお見切りし、表情のどんよりとした「おブス」な自分とも決別できた結果。

だから目先の寂しさに惑わされずに貴女にも勇気を出してほしいんです。

きっとこの本との出会いは貴女にとって良縁を繋ぐきっかけになるハズ。

「おクズ様」との悪縁、貴女自身で断ち切ってくださいね！

LESSON 06

貴女の意識の底にある「初おクズ様」を昇華（合掌）

あまり知られていないのですが、神崎メリ、発見しました。恋愛がうまくいかない女性には、何気にこんな法則があることに。それは、「初彼氏や、初体験の相手が『おクズ様』だった」……貴女が男性に対して自信がない理由は、「初おクズ様」にあるのかもしれませんよ？　ここでしっかり昇華させてしまいましょう。

恋愛コラムを書いていると、「2●歳なんですが、まだ恋愛経験がなくて引け目感じちゃいます」というご相談をいただくことがあります。

「メス力」的に解説させていただくと、いくつのとき初彼ができたか、初体験をしたかじゃなくて、誰と初交際、初Hしたか？　ここが重要なんですよね。

引け目なんてまったく感じる必要ナシ！　むしろ「ど本命」のために温存しておいてください（泣いて喜びますよ）。

女性にとってなぜ「誰と」したか？が重要かというと、女性は初彼や、初Hの相手にされた扱いを「彼女としての標準扱い」だと思い込んでしまうところがあるのです。これは、無意識に刷り込まれている可能性もあります。

ラッキーなことに最初から「ど本命彼氏」に巡りあえて、大切にされ愛のある初Hを迎えた女性は、その溺愛スタイルに味をしめます。男性から愛されることを知ってしまったので、「おクズ様」に秒で違和感を感じて、「は？　バカにしてんの？」とお見切りすることができます。「私をこんな扱いする男許せないんだけど！」と女性としてのプライドがきちんとできあがるのですよね。

初彼や初Hの相手が「おクズ様」だった女性は、Hしたいときだけ呼び出されたり、基本雑に扱われてもそれが普通だと思いがちです。それが初回だったがゆえに「男ってこういうイキモノだし」「恋愛ってこういうモノだし」と思い込んでしまうのです。

その結果、恐ろしいことにせっかく「ど本命」と巡りあえても、「は？　こんなチヤホヤしてくる男なんて、なんかキモいんだけど!?」と拒否反応！

逆に自分をふりまわしてくる「おクズ様」にキュンキュンしちゃうんです。

これはどういうことかというと、自分は男性に雑に扱われる存在だと（無意識に）思い込んでいるから。「私なんて大切にされる価値ないんだ」と自己否定しちゃっているのです。

そうなってしまうと、幸せになれそうな状況が訪れたとしても「アンタ（私）にそんな価値ないでしょ！」「どうせいつもみたいに男に捨てられるよ？」「だったら最初から叶わない恋してるほうがマシ」「ゴミみたいな私を好きになってくれる男なんて、さらにゴミじゃないの？」と無意識のうちに幸せになることにブレーキを踏んでしまうのです！

男性から真剣に告白されると、なぜか嫌悪感があったり（キモ〜）、好きな人がふり向いてくれたとたん興味がなくなってしまう貴女も、もしかして初彼・初Hの相手が「おクズ様」ではありませんでしたか？

貴女がイマイチ自分を好きになれない理由や、恋愛がうまくいくイメージがないのは、あの「初おクズ様」のせいだったと気がついてください！

「初おクズ様」を乗り越えて自分を好きになるレッスン

①「初おクズ様」に雑な扱いをされて心が傷ついてしまっていたんだなと、過去の心の傷を受け入れてあげる
②「初おクズ様」からの暴言が自信のなさになっていないかふり返る（ブス・貧乳・つまんね～女・バカ・デブなどなど、暴言吐かれた部分をコンプレックスにしていませんか？）
③「あの『おクズ様』、私みたいないい女フって後悔させたるぞ～！」と「メス力」磨きのバネとして利用させてもらう
④これから1日1回は自分のコンプレックスを「私は充分かわいい」「私はちゃんと賢い」と唱えて自分のイメージを塗り替える（×ブスじゃない↓○かわいい。肯定語で！）
⑤新規の「おクズ様」にキュンとしたら、「あ、私の不幸癖始まってるわ」と自制する（カ

ンタンにHしたりしないこと）

⑥大切にされることに慣れるには、まず貴女が自分を大切に扱うこと！　それにはまずムリして人に合わせるのをやめること！

貴女には魅力も価値もあります！　思い込みでいいので、「私はいい女だもんね〜」とふるまってください。人間、21日間以上続けたことは習慣になります。続けることで、「初おクズ様」の呪縛を乗り越えていけますよ！

何よりも過去を受け入れて乗り越えた女は、優しさと強さを身につけられます。「おクズ様」を踏み台にして人間としてひとかわ剥けて成長しちゃいましょうね！

「初おクズ様」を踏み台にして、貴女は上に昇ること

LESSON 07

友だちの幸せが許せない女版「おクズ様」と「毒友」のお見切り

貴女がこれから「メス力」を身につけて、「ど本命」と幸せになろうとするとき、必ず邪魔してくる女友だちが出現します！　それは、親友だと思っていた人かもしれません。親身なフリして貴女を幸せにさせまいとする「毒友」もお見切り対象ですよ！　貴女の周りにはこんな「毒友」はいませんか？　いつか出会う「ど本命」との幸せを邪魔されないために、さあ、「毒友」お見切りのレッスンを始めましょう。

味方のフリした「毒友」を見極めろ

幸せか？　不幸か？　人間が人生の帰路に立ったとき、その友人との友情が真実のモノだったかハッキリとわかります。

とくに現段階で、幸せとは胸を張って言えない貴女は要注意です！

「大丈夫だよ。そのままのメリ子でも愛してくれる人いるよぉ」

貴女が安心するようなあま〜い慰めの言葉をかけて、不幸な貴女を偽りの友情というぬるま湯に浸からせ「ここで一生くすぶってな♡」とほくそ笑んでいる「毒友」が今、隣にいるかもしれません……。

ハッキリ言って露骨に嫉妬心を剥き出しにしてきたり、敵対派閥をつくってイキがったり、シカトしてくる幼稚な女性のほうがこちらも警戒しやすいのでかわいいモノです。真の敵は貴女の味方のフリをしていることが多いのですから……（ブルッ）。

さあ、貴女の周りにこんな言動をする女友だちはいませんか？

味方のフリして幸せを邪魔する「毒友」あるある15

①「絶対ない！」というタイプの男性を紹介しようとする（明らかに生理的にみんなNGでしょ！タイプ）

②「あの話だけどメリ子の代わりに話しといたよぉ〜」とよかれなフリして勝手な動きをする（貴女の彼氏〈友人〉に勝手にコンタクトとったりして引っ掻き回す）

③「そうだね！　彼に全部ぶちまけな」「彼の職場の側で待ってな」など男性がされたらドン引きするアドバイスをして不仲に導こうとする

④「メリ子は悪くない！　彼が悪いよ！」と貴女にも悪い部分があったとしても言わない。彼を悪者と徹底的に煽って不仲に導こうとする（離婚させる強者も）

⑤貴女が新しいことにチャレンジしようとしたら「やめときな」「もう流行ってないよｗ」「メリ子には向いてなさそう」とやめさせようとする

⑥「アプリで男探すのとか必死って感じ」「婚活してまでねぇ〜」と貴女が出会いを求めて動いているのをバカにする（裏で自分もしてる）

⑦貴女が「ど本命」と出会ったら彼を下げることを言う（キモそう、遊んでそう、ほかにもいい人いるんじゃない？など。実際は間違いなくいいヤツ）

⑧貴女が「ど本命」と出会ったら彼の過去を詮索してバラしてくる。「メリ子の彼、昔○子ともつき合ってたらしいじゃん」「見て！　昔こんなツイートしてたよ」

⑨貴女が痩せたら「え～痩せすぎ」「ケーキお土産にもってきたよ」と邪魔しようとする
⑩貴女が髪を伸ばしたり、女性らしいファッションをしたら「どうしたの？　キャラじゃない（笑）」と爆笑したりする
⑪貴女が幸せそうにしてると不機嫌になる。そして、自分のほうが上だよ！トークをする（同じジャンルの話でかぶせてくる）
⑫貴女が男性と仲良く話しているとイライラしている。そしてその男性をあとで「キモかったね」などとケナす
⑬貴女が「ど本命」とつき合ったら疎遠になる
⑭貴女に不幸があると「私になんでも言ってね！」と張り切る
⑮「メリ子のことが心配で、これどう思う？」と周りに貴女の秘密をバラす

「毒友」は貴女が不幸なとき、全力で親切です。

その姿に貴女は恩を感じ、その後「え？　今のおかしくない？」という言動をされても、「でもあの子あんなに支えてくれたし……」「いいとこたくさんあるし……」とむしろ「毒

友」を疑った自分を責めてしまいます。でもそれが彼女たちの罠なんですよ。

親切顔で貴女に近づき心を開かせて貴女の秘密を握ったところで、上下関係をつくろうとします。「貴女のことが心配」「キャラじゃないよ」などの言葉を盾に、貴女が新しい世界や人と関わるのを邪魔しようとします。

じつは「毒友」は自分に自信がない

「毒友」がなぜこんなことをするのかというと、じつは彼女たち、すっっごく自分に自信がないんです（自信満々にふるまっていても）。

「毒友」にとって貴女は見下し要員。


いつまでもウジウジと不幸そうな貴女を見て「こいつよりはマシだわ～」と安心しているのです（そして自分はちゃっかり婚活したりしている）。

どっちにしろこの子たちは、貴女が「ど本命」とつき合ったり婚約した瞬間、意味不明な因縁をつけてきて、挙句に捨てゼリフ吐いてきて疎遠になります。

私も20代のころ、信頼していた人に盛大にカマされました。自分の何が悪かったのか？　相当悩みましたが、あとでほかの友人たちにも「毒友」を発動していたと発覚（見下し要員多すぎでしょ）。

今のうちに、「仕事が忙しい」など理由をつけて徐々に疎遠にしていきましょう。

貴女がいくら自慢話をしなかろうと、貴女の幸せをハイエナレベルの嗅覚で嗅ぎつけてあの手この手で邪魔しようとしてくるのでお早めに……。

そうして残った真の友人たちと友情を育みましょう。

真の友人は貴女が不幸なときも、幸せなときも同じ態度ですからね。

まぁ、自分の不幸も幸せも人にひけらかさないことですね。

STEP1の「女友だちに恋愛相談しない」（56ページをご参照ください）のマインドを復習して、頭の中に叩き込んでおきましょう。

LESSON 08

セフレや未練アリの元カレと離れられない貴女へ

私のところには毎日、「セフレから彼女になりたいんです（涙）」「元カレのことが何年経っても大好きなんです……復縁したい！」とのご相談が殺到しています。正直な話、どこからどう見てもお見切り対象の「おクズ様」なのですが、諦められないのなら最後にひとあがきしてみましょうか？　最後の賭けについて「メス力」レッスンを始めます。

ウジウジ悩んでる時間があったら最後の賭けに出なさい！

セフレの彼女に昇格したかったり、元カレとの復縁を目指している貴女へ、お耳のイタイ話をこれから始めます。心して聞いてください。

現段階で彼にとっての貴女のポジションは「ど本命カースト」（12ページをご参照ください）で言うところの「女として見れないゾーン」のちょっと上辺りです（辛）。

貴女はすでにHという切り札もとっくに使い、なんの新鮮度もなく、しかも彼に「俺に惚れている都合よく扱える女」という烙印をジュッと押され、どうせ俺様から逃げないとアグラをかかれている状態です。

狩猟本能マイナス100といったところでしょうか……？

正直、彼は貴女のことをスーパーナメきっています。

そのナメくさった態度を正さないと今世では彼に愛されることはありません！

それには貴女が「メス力」を高めることで、女性としてのプライドをもつことです。

彼をナメくさった「おクズ様」にしてしまったのは、何を隠そう雑な扱いをされているのに彼にすがった貴女自身なんですよ！

プライドのない女は永遠にナメられてしまうの。どんな男性とおつき合いしてもね。

ごめんなさいね、辛口で。

でも貴女にはまだ伸びしろがあります！ だって今まで「メス力」を知らずに恋愛して

きただけなのですから。

貴女が彼にとっての「ど本命」になれるかは、やってみなくちゃわからない。そもそもそこまでの「縁」がなくて、なれないのかもしれない。

それでも今のまんま「愛されたい」と泣いているだけの人生よりも、絶対に明るい人生が開けてきますから！

そろそろ最後のひとあがきをして、その彼への想いにケジメつけましょう！

セフレ・元カレの「ど本命」昇格「ワンチャンメス力」

①Hしている関係の貴女は「もう彼女じゃないのにこういうことするのイヤなの」とHをしない。つき合う気がなさそうだったり、うやむやにされそうだったら、「わかった、つき合う気はないんだね。今までありがとうね」とお泊りせずに帰宅すること！　元カレにちょくちょく連絡している方は今日から禁止です

②自分からは絶対に連絡をしない！　相手からＬＩＮＥがきても数日置いてから既読にして、返信しない（2ヵ月間～半年は無視しましょう）

③数ヵ月後、連絡がきたら感じよく明るくLINEを返信する。即レスせず半日〜場合によっては数日おきの返信でよい。ここで飛びつかないこと！
④「今から会える？」と誘われても、急なお誘いは「忙しい、事前に誘って」と断る
⑤事前にちゃんと予定を立ててくれたら、そこでやっと会う約束をする（家はNG）
⑥女らしくイメチェンする。彼の見たことないヘアメイク、服装・小物で行く！
⑦デートの「メス力」（154〜180ページをご参照ください）をフル動員していい女になった姿を見せつける。でも好きなそぶりや未練があるそぶりをしたらゲームオーバーと心得ておく！　あくまで「彼のデートに乗ってあげている私」設定で、堂々とふるまうこと！
⑧家に誘われても「前も言ったよね（笑）。そういうのもうイヤなの」とキッパリ
⑨一次会で解散。笑顔で「ありがとう♡」。「またね」は言わない
⑩この辺りで彼は「逃がした魚はデカかったかも？」と思い始める
⑪デート後も③④⑤を守ってやりとり継続
⑫またデートしても⑦⑧⑨を継続

⑬告白されたら「考えさせて」と3日くらいじっくり考える
⑭この時点で「ど本命じゃないな」と思うならつき合わないこと！
⑮つき合うことになっても、すぐにHしない！「時間かけたいの」と堂々と3ヵ月焦らす！
⑯つき合ってからも「メス力」継続して、夢中にさせる

媚びない、すがらない、自分から連絡しない

すべての流れに男性心理を突くための意味があります。

数ヵ月単位で連絡がつきにくくなり、ホイホイ出てこない女になった時点で彼は「コイツ俺のこと切ろうとしてる？　ほかに男できた？」とちょっぴりふり向かせたくなります。イメチェンをすることで、新鮮感を与えます（お馴染み感を出すとナメられやすい）。デートでいい女っぷりを見せつけつつ、キッパリと帰宅することで、「やべぇ！　なんかいい女になってんじゃね？」と狩猟本能にようやく火がつき出します。

その後も貴女のペースを守ることで、彼はどんどん追いかけモードになるのです。告白

を引き受けるのも余裕たっぷりに焦らしてください。

元カレであれば「ん〜。もう遊びで恋愛とかイヤなんだ。結婚前提なら考えるけど」くらいこのときにハッキリと言ったほうが、貴女の望む方向に話が進みやすいでしょう。

この流れのまんまにならなくても、アタフタしないで堂々とプライドをもって「媚びない、すがらない、尽くさない、自分から連絡しない」を徹底してくださいね。

そして彼が「ど本命」だと確信できないのであれば、交際は禁止ですよ。

ていうか、ここまで「メス力」を徹底したらほかの男性がほっときません。

その「おクズ様」のことなどどうでもよくなる確率高しです（笑）。

LESSON 09

「おクズ様」への未練のトリセツ

そもそも「ワンチャンメス力」をしようにも、セフレや元カレと音信不通だったり、相手がとっくに既婚者になってしまっていたり、もはや相手から嫌われてるレベルに達していたり、もう二度と会えない環境だったりする方もいらっしゃると思います……。STEP2の最後のレッスンは、「それでも忘れられない」、そういった方のために未練のトリセツをご紹介します。

忘れろって言われても忘れられないんだよ！という貴女へ

友だちとカフェでお茶しているとき「ちょっとお手洗い！」と友人が席を立った。そん

STEP 02

見極める

なフッと1人になる瞬間にもあの人に会いたい気持ちが込み上げてくる……。

仕事中、資料をPCに打ち込んでいる瞬間にも無意識にあの人のことを考えている……。

マフラーをぐるぐる巻きにして背中を丸めながら足早になる帰り道も、あの人と2人で手を繋いで歩いた冬景色が思い浮かぶ。

湯船に浸かってホッとしたとき、涙がこぼれ落ちる。ベッドに入って眠りにつくまで毎晩毎晩同じことばかりが頭をよぎる。

「あのとき私があんなこと言わなければ良かったの？」

「私の何がダメだったの？」

戻りたいよ、あの瞬間に。

「愛してるよ」と寝たフリする私の頬にキスしてくれた瞬間に。

後ろから急に抱きしめられて、貴方のドキドキが伝わってキュンとした瞬間に。

真冬のベッドの中で「寒いんだけど（笑）」「俺の毛布とんなよ（笑）」とじゃれあってそのまま抱かれた瞬間に……。


運命だと確信したのは勘違いだったの？

「メリ子の元カレ、結婚したらしいね」

「インスタに結婚式の写真あげてたよ」

友人のひとことに胸が張り裂けそうだった。

「へ〜そうなんだ」そう言うのが精一杯だった。こっそり検索して、貴方の幸せ溢れる満面の笑みを見て手が震えた。

忘れられない。忘れなきゃいけないってわかってる。クルクルとカンタンに1年が巡っていくのに私だけ何も変わってない。もう進まなきゃいけない。

でもね、誰とデートしても心が埋まらないんだ。なんか違うんだ。

あの人と一緒にいたときに戻りたい。


こんな切ない思いを抱えている貴女へ。

未練を断ち切る「メス力」

①別れ際、彼にされた最低な仕打ちを書き出してみる（未練があるときはいい思い出ばかり繰り返してしまいがち。悪い面も思い出してみること）

②彼との回想が頭の中で始まったら、彼と出会えたことを感謝する（未練を感謝に置き換えると過去になりやすい）
③それでもいろんな人と出会いを求め続ける！（なかなかいい人に出会えないのは当たり前！　未練に縛られて1年も2年も無駄にしないこと）
④転職、模様替え、イメチェンや趣味を始めたり、自分をリニューアルする（別れたときのまんまの自分だとそこに立ち止まりやすい）
⑤忘れなきゃと思わないこと（心理学的に忘れなきゃと思うほど、忘れられないもの。逆に忘れなくていいやと思うと、執着が徐々に収まって自然と忘れていく）

もう忘れようともがくことをやめよう。

未練たらしい自分にウンザリすると思うけど、みんな心に秘めているだけで同じような経験をしてきてるよ。だから自分を責めるのをやめよう。

世の中には「縁」がある。

友人になる縁。恋人になる縁。結婚する縁。離婚する縁。

貴女と彼は「結婚する縁」ではなかったんだよ。

だから、自分がダメな女だったから結婚できなかったって責めないでほしい。
いつか思いが昇華される日がくるかもしれない。
死ぬまで思いを胸に秘めているかもしれない。
どちらでもいい。
ただ、貴女には幸せになるチャンスを諦めてはほしくない。
「ど本命」の存在は、すべての未練や心の傷をゆっくり癒してくれるから。
「メス力」高めて、幸せへ向かっていこう。
幸せにたどり着くまで、みんな転んできた。だから貴女も大丈夫。

今「ど本命婚」してる人だって、みんな涙を乗り越えてきた

STEP 04 | STEP 03 | STEP 02 | STEP 01

STEP 03

告らせる

ど本命ハンティング――

「ど本命」にしたいと思わせる戦略

「ど本命」から追われて告られるメス力の本領発揮

STEP1の「マインド」、STEP2の「見極め」はいかがでしたか？「うんうん、もう充分頭に叩き込んだ。早くど本命とつき合う方法教えて！」という貴女。お待たせしました！　STEP 3 は、「ど本命」を捕まえる実践テクニック編です。その前に復習です。男性の狩猟本能に火をつけるのがメス力。そう「ど本命ハンティング」とは、貴女がハントするのではなく、男性がハントするよう仕向けるのです。そのためには恋愛でよく言われる「押す」と「引く」がカギとなります。「聞き上手なメス力」や「あざといメス力」で「押す」ステップを重ねたうえで、LINEや会っていないときの「引く」ステップに進む。この２段階を踏むことで男性に「この子をハントしたい！」と思わせ彼の「ど本命女」になれるのです。では、準備はいいですか？「ど本命」の彼から追われ、最短で告られる「メス力」レッスン解禁します♡

LESSON 01

【重要】「ど本命」恋愛の始まりのオキテ

「ど本命恋愛」、そして「ど本命婚」をするためにも、最初の最初が肝心です。彼のほうからデートに誘ってきた。この事実づくりに最大のメス力を使いましょう。自分からデートに誘ってしまった場合、運良くつきあうことができて「とりあえずの彼女」になれたとしても、「ど本命」にはなれない可能性大ですよ！

なぜ彼から誘われることが「ど本命」になるために大切なの？

好きな人とデートに行きたいと思ったときに女性がしてしまいがちなNG行動。「LINE教えてください」と自分から切り出して、雑談LINEを送って、すぐ「今度、お食事行きませんか？」と自分からまた切り出す。

これでは貴女が男性を追いかける形になってしまい、彼の狩猟本能にスイッチが入りません……（恋されにくい土壌になっちゃう）。

男性の狩猟本能にスイッチを入れて、「追いかけたい♡」「この子のことをもっと知りたい！」とワクワクドキドキしてもらわないと、デートのあと運良くつき合うことになったとしても「ど本命」になれる確率は下がってしまうのです。

そんなのもったいないとは思いませんか？　いつも直球勝負の貴女も、うまく「メス力」を使って彼に誘わせて愛される方向に進んでいきましょう！

デートで彼の「ど本命」になるための必須項目

①自分から欲しいと望んだ（ゴリ押しされても押しつけられたと男性は思います）
②レア感（価値あるモノが男性は好き！　無料・お手軽なものに価値は感じません）
③話していて気持ちがいい女（純粋に会いたくなる）
④女らしさ・あざとさ（単純にドキンドキン♡）

⑤会ってないときの行動が読みきれない（もっともっと知りたいとゾクゾクします）

これらの５つの要素が絡みあったとき男性は恋に落ちたと同然の心境になります。

女性からデートに誘ってしまうと①の「自分から欲しいと望った」部分がくすぐられないので、貴女に対して「ど本命スイッチ」が入りにくくなってしまうのです。

ＳＴＥＰ３では、好きな人にデートに誘われるように仕向けて、「この子ほかの女と違う！」と感じさせることで「ど本命」の座を掴みとるのに必要な流れを書いていきます！

婚活や恋活、そして片想いが成就しない方、彼氏に大切にされない「とりあえずの彼女」しか経験のない方は、デートの前段階～デート中のふるまい方で男心を掴み損ねているかもしれません！

さあ、「メス力」を実践して「ど本命ハンティング」していきましょう！


自分から誘うのではなく、デートに誘われる流れをつくれ

LESSON 02

話していて気持ちがいい女の鉄則①
——男性との雑談力を身につける

男性と親密になるには、まず雑談をして相手の心を開かせることが基本。なのに男性との雑談がヘタな子が多いこと！　ここではあるカンタンな「メス力」を使って雑談力を身につけるレッスンをしていきますよ。デートまではいくけど恋に進展しない方、大注目！

気をつけて！　こんな話題は即会話終了する！

気になる男性と2人きり、きっと貴女の頭の中はこんな1人芝居が始まっているハズ。

（ヤバイ、ヤバイ、ヤバイ！　せっかくのチャンスなんだから盛り上げなきゃ！）

（うわ〜好感度上げる話の内容ってどんな〜？　メス力復習しとくんだった〜！）

（親密にならなきゃ！　デートに誘わせなきゃ!!　ああああああ〜！）

自分アピールしたくて頭の中がいっぱいいっぱい！　そうしてひねり出した雑談は、「こないだ私、新大久保に友だちと行ってタピオカ並んだんですよ〜！　すごい長蛇の列っていうか〜、新大久保自体めちゃ人多いんですね！　新大久保とか行きますか？」

「う〜ん。行かないね〜」。会話終了（チーン）。

きっと女性同士なら、こうなったハズです。

「あ〜新大久保？　最近行ってないけど、めちゃくちゃ混んでるらしいね〜！　韓国コスメとか買いに行った？」「じつは私コスメヲタで、デパコスしか使わないんだよね。でも服はGUで節約だけど（笑）」「え？　オススメのコスメある？」「Diorのクッションファンデ、透明感出ていいよ、朝時短になるし！」「え〜マジで（スマホ検索）」。

あっちへこっちへ飛びつつも永遠に続くおしゃべり（笑）。

一方、男性は自分が興味ないジャンルだとそこで会話終了する傾向があります（営業職とかの会話上手な男性は別ですが）。なので、男性と雑談で親密になるには、彼らが興味のあるジャンルを事前にリサーチしておく必要があるのです。

【実践】話題の見つけ方――こんなときこそSNSの出番

皆さま、神崎メリより突然の喝、よろしいでしょうか？

彼の私生活を裏垢でネトストするヒマがあるなら、彼が興味あるジャンルをリサーチすることに活用すべしッ！！！

彼らのプロフィールには、雑談のヒント、すなわち親密になるためのお宝情報が転がっています。好きなスポーツ、趣味、聴いている音楽のジャンル、ガジェットに興味がある、ラーメン屋巡りなど……。プロフィールや投稿の内容で、相手が普段どんなことに興味をもっているか見えてきますよね？

まずは彼が興味あるモノをカンタンに調べておくことです。ここで下調べした情報を、男性との雑談にしたたかに活かしていきます（ニヤリ）。

質問からのプラスひとことで雑談を広げていく

貴女はオス太郎が休日はラーメン屋巡りをしている情報をＳＮＳで入手しました。ここで直球で「オススメのラーメン屋さんありますか？」といきなり聞いてはイケマセン（ネトストバレバレ）。もう少しひねりを加えましょう。


「オス太郎さん、休日って外に出てランチしたりしますか〜？　自炊派ですか？」

「俺？　ラーメン食べたりとかするね〜！」

「へぇ〜ラーメンですか？　いいですね（肯定）。詳しくないんですけど家系とかですか？」

「いや、二郎系なんだけど、わかんないか」

「二郎系ですね！　聞いたことあります！　有名なラーメン屋さんですよね！　確か注文の仕方が独特なんですよね？」以下、男性うんちくタイムへ突入。

雑談を広げる会話のポイント

①ただ「美味しいラーメン屋さん教えてくださ〜い」だと、お店の名前を答えられて会話終了。あらかじめラーメン屋の系統をざっくり調べておいたことで、会話のキャッチボールが続いていく

②調べた情報をひけらかしうんちくの張り合いをせず、あくまで相手の合いの手をうつ道

具として使うこと（張り合うとかわいげのない女と思われます。得意ジャンルを意気揚々と話す男性の見せ場を奪わないこと！）

男性はうんちくを聞いてくれる女性を求めているもの。だから女性の「教えてください♡」は男心をくすぐるのです。さらにちょっぴりだけそのジャンル知ってる感をプラスすることで男性から「話のわかる女性だな（知的）」と思われるだけでなく、「なんかこの子、会話盛り上がるな♡　楽しいなぁ♡」と思われるのです！

「○○ですよね？　もっと知りたいな」という素直な姿勢で、男性をうま〜く「この子いいかも？」のレールに乗せてください♡

男性にうんちくを語らせるのが雑談のキモ

LESSON 03

話していて気持ちがいい女の鉄則②
――聞き上手な女になって男の懐に入る

男性から「この子しかいない！（ど本命確信）」と思われるためには一目惚れされるか、男心を掴むしかありません。でも一目惚れされるのを待っていたらチャンスを逃すだけ！　先ほどの項目の続きになりますが、会話で男性の心を掴める女になりましょう。そう、聞き上手になって彼を主役にさせるのです（自動的に貴女はヒロイン）。

おそらく恋愛初心者の貴女も「聞き上手な女がモテる」、こんな言葉を耳にしたことがあるハズです。事実、超一流のキャバ嬢やホステスさんは、美貌よりも（美人が掃いて捨てるほどいる世界）その類稀なる聞き上手力で「俺の話を聞いてくれ〜。家庭じゃないがしろにされてんだよ〜」という男のセンチメンタルなハートをガッチリ捕まえて離さないのです！

聞き上手になるって、じつは超カンタンなんです！ 職場でも恋活でも即とり入れられますから、このページを写メ撮ってデート前に読み返してください！

聞き上手な女の「さしすせそ」

手っとり早く聞き上手と思われる技術、それは相づち。どっかで聞いたことある、という方もここでしっかり頭に叩き込んでおきましょう。

さ：さすがですね♡　さすがだね！　へ〜さすがじゃん！（やるね♡　やっぱ違うね）
し：知りませんでした♡　へ〜知らなかった！（物知りだね！　勉強になるわ〜）
す：すごいですね♡　すごくない⁉　すごいじゃん！（思わず）すごっ！
せ：センスが違いますよね♡　センスいいね！　センスいいじゃん！（先見の明あるよね）

そ…そうなんですね♡　そうなんだね！　そうなんだ！

前の項目でご紹介した「雑談メス力」、質問からのプラスひとことで男性との話を広げて、この「さしすせそ」で相づちを打つんです。相づちを打つときに気をつけておくべきポイントも併せてお伝えします。

相づちを打つときの「メス力」

①うるうるキラキラした子どもみたいな素直な瞳をイメージ
②相手の目を見る（スマホいじるな。キョロキョロするな）
③興味のなかったジャンルでも勉強になるなぁという姿勢で聞く
④気取らずによく笑う（ガハハはダメよ。女性らしさは大切）
⑤突っ込んでほしそうなポイントは明るく突っ込んであげる

ただただ「すごーい（棒）」「そうなんですねー（棒）」なんてされても、お世辞っぽくて男性は興ざめしちゃいます。

聞く姿勢は「尊敬」「関心」「マジすごい」を意識しましょう。

男性は誰しも女性に笑顔で話を聞いてほしい。

貴女が聞き上手をマスターすれば、彼はうれしいことも、辛いことも真っ先に貴女に聞いてほしいと思い、自分からいそいそと会いにくるのです。

結婚後も、仕事が終わればすぐに帰宅して貴女と話をしようとするでしょう。

貴女と話せばうれしい、満たされる、癒される、落ち着く。

まるで彼が生きていくうえでのエネルギーを循環させる心臓……。

これが男の懐に入るということなのです。

男心を鷲掴みにする女性は、男性の心臓そのものにまでなれちゃうんですね。

LESSON 04

彼のほうからデートに誘わせる流れをつくる！

話していて気持ちがいい女の鉄則①と②をコツコツと彼に対して続けたとき、彼は貴女に対して相当好感度が高くなっていると思います。そうしたらもうしめたもの！　そろそろここらでデートに誘わせるステップに進んでいきましょう！

雑談力と聞き上手の「メス力」で、男性の心を開いていくと、彼の休日の過ごし方や趣味についてちょっぴり詳しくなっているハズです（もちろんそのジャンルについて予習しておいてね♡）。

もしかしたらもうこの段階で、男性のほうからデートに誘われている方も多いかもしれません。「この子と話していて気持ちいい」がたまると、その時点で勝手に恋心にすり替わってる率高し。そうなると男性は行動に移します。

誘われていないときは、雑談中に「いいな〜私も行ってみた〜い」の魔法のひとことを放ちましょう！

「いいな〜行ってみた〜い」の使用法

「最近オス太郎さんオススメのお店ありますか〜？」

「こないだ、渋谷ストリーム行ってきたよ！　なかなかうまい寿司屋があってさ」

「本当ですか〜。オス太郎さんオススメのお店って美味しいんですよね（聞いたお店に行ったことあるアピ）。私も行きたいな〜！」

オス太郎、アゲられて上機嫌に（単純）。

「マジで？　今度一緒行く？」

「いいですね！」

と今までの根回しが身を結んでカンタンなハズです。

いきなり直球で「今度ご飯行きましょうよ」とオス太郎を誘ったところで、貴女への好感度が積み重なっていなければ、「忙しいからスケジュール見て連絡するね」とやんわり断られてしまったかもしれないのです。

ちなみにこの時点で貴女は、デートで彼の「ど本命」になるための必須項目（140ページをご参照ください）の、「話していて気持ちがいい女」と「自分から欲しいと望んだ」の2つをクリアしています。

あとはデートで「話していて気持ちがいい女」を再度展開しつつ、女らしさ、あざとさやレア感、読みきれない感を出していくことが大切です。

では、さっそく次のレッスンに進みましょう。

LESSON 05

デートの受け方ひとつで男は貴女にレア感を感じる！

趣味のグッズや、車やバイク、推しメンのグッズ。すべてにおいて男性はレア感のあるアイテムが好きです。お手軽に手に入るものを大切にしない習性があるのですよね。この法則は恋愛においても例外ナシ！　レッスン2と3で好感度を上げたところで、レア感をプラスしていきます。デートの日程を決めるときにレア感を出す受け方をして男心をぐいぐい煽(あお)っていきましょう！　「ど本命」度がグッとアップします。

いつでも予定が空いてる女にはならないこと！

男性からデートに誘われたとき、こんなふうにデートを受けちゃってはいませんか？

彼「じゃあさ、いつにする？　今週来週のメリ子ちゃんのＯＫな日教えてよ」
×「私、今週来週ヒマだからいつでも合わせられるよ〜♡」
×「今週の土日は？　あ、来週の金土日でもいいよ」

気になる人に「私、予定合わせられますよ♡」「貴方のこと第一優先です」と、もしかしたら貴女なりに好意をアピっているつもりかもしれませんが、これをやっちゃ絶対ダメなんです！

男性はそのデートの受け方を見て、直感的にこう感じてしまいます。

「はは〜ん、この子、ヒマでモテないんだな……」

はいっ！　この瞬間、貴女のレア感は消えました〜！　狩猟本能も掻き立てられません！　下手したらいつでも呼び出しＯＫなヒマつぶし要員認定までされちゃいます。

いいですか？　本書では男性とおつき合いすることを目的としているのではなく、あくまで「ど本命」として溺愛されること、しかも電撃婚を目指しています！

「ど本命」になるには、男性に狩猟本能を全開にしてもらって、全力で口説いてもらわないといけないのですよ。

男にレア感を感じさせる「メス力」的デートの受け方

「ど本命」として口説きたい女と思わせたい。それなら日程を決める段階から下準備を始めましょう！

「今週なら土曜日の昼間、来週なら金曜の夜空いてるかな……？」

と、本当は平日の夜も週末の夜も、毎晩どヒマ人カマしていても、**忙しぶって日時を指定するのです！**

そうすると男性は単純に、「忙しくて（男女問わず）モテる子なのかな？」と思い込みます。年がら年中いつでも開いているコンビニ女と思われては、男性にナメられてしまい真剣に口説かれません（コンビニすら年中無休廃止にする時代ですよ）。

あらかじめ数日前に予約をとらなきゃ入れない、地元で大人気の名店みたいな女になってください。地元の名店みたいな女は感じがいいのです。

「ごめんなさい～！　今週は忙しいんです！　でもまた誘ってくださいね♡」

と、感じよく断ることで相手に拒絶感を与えずに、「なるほど！　ちゃんとデートに誘わなきゃダメなんだな！」と理解させることができるのです！

しかも男性は勝手にいろいろな妄想を開始。「きっと男に飢えてないし、モテるんだろうな……（キュン）」とますます狩猟本能が掻き立てられるのです。

とはいえ、たまには例外日を設けてもいい

おつき合いが長くなったり、やりとりをしている中で「今日は逃したらアカンな、いろいろと勝負日の予感がするぜ」という直感が働くこともあると思います。

そういうときは、「このあと、予定入ってるんだけど、友だちからまだ返信きてなくて、ちょっとあとで連絡するね」と架空の予定をでっち上げましょう（笑）。

そのあとで「友だち、風邪引いてダメになったんだ。今日いけそうだよ」と、連絡を入れてみましょう。

または、今日たまたま時間が空いてたとアピールして、２人で会い、そのあとのデートのお誘いは「メス力」的デートの受け方を徹底しましょう。

レア感ナシのヒマ人女は雑に扱われる運命です

「駆け引きっぽいのとか、ホントムリ！　365日いつでもウェルカム！　彼に会いたいし、彼も会いたいって言ってるし～♡」を貫いた結果、流れで半同棲状態へ。

もちろんレア感はゼロになり、休日デートも予定立ててくれるでもなく、家でゴロゴロ。「どうせ俺から離れないんでしょ？」とどんどん調子に乗られ「おクズ様」化される……。

こんなパターンをたくさん見てきました。

貴女自身が恋愛中心の生活をせず、最初から彼とのうまい距離感を保つことが、その距離感を彼に埋めたいと思わせることになって、追われる方向（＝電撃婚）にいくのです。

レアアイテムをゲットしたい男心を逆手にとっていきましょうね！

男は「レア感」を感じれば感じるほど大切に扱う

LESSON 06

女らしい見た目になって「一目惚れされ」率を上げる！

ここからはデートで男心を掴むための土台となるステップです。レッスン5まで積み上げたことで彼の期待値は爆上がりしているハズ。さらに女性らしいファッションにイメチェンして「一目惚れされ」率を上げていきます。さあ、ワードローブを更新してください！

現在のトレンドって、ゆるっとして楽チンなものが多いじゃないですか？　20代からアラフォー以上の世代で、そんなに変わらないファッションをしているじゃありませんか？（ワイドパンツ、マキシスカート、ゆるニット、サコッシュ、スニーカー）

なぜ世代別のトレンドが曖昧なのか？　ファッション業界の方に聞いたんです。答えは少子化で、若い子向けに服をつくっても売れないから。オトナから若い子まで、同じようなデザインを流行らせればつくりっぱぐれないから、と……。

神崎メリ、アラフォー世代。わかりますよ。カラダのシルエット隠したいお年ごろですもの。その世代向けにつくられたアイテムが「モテる」ワケがないのよね～（苦笑）。

だから本書を手にとってくれた「ど本命活中」の貴女、楽チンめなトレンドをとり入れすぎては損をするのでダメですよ！

男性はパッと見の印象で扱いを決めている！

男性はものすごくシンプルな思考回路をしています。

パッと見たときの第一印象が女性らしい人を、つい大切に扱ってしまいます。

正直な話、貴女の周りにもいませんか？　美人じゃないけれど、美人風の雰囲気をまとっていて男性に大切に扱われている子。つまりはああいうことなんです。

男性の目線に立ってイメージしてみてください。

ゆる～んとしたマキシ丈のスウェットワンピにスニーカー、サコッシュ姿で登場した女性に「初めまして」と言われた場合と（こんなん私の子連れ公園コーデやで）、膝下丈のスカートに上品なVネックニットで「初めまして」と登場した女性……。

同じ顔立ちだとしてどちらが男性のハートを「はうっ♡」と撃ち抜くでしょうか？

「あ、女らしい♡」「綺麗どころきたど～♡」とテンション上がるでしょうか？


私たち女性が身にまとっている雰囲気ひとつで男性の「俺様、今日いい女連れてるぞ～」という自尊心・満足感を満たすことができます。

そして見た目を女性らしく手入れしていると、男性の目に自尊心の高い女性として映るので、「この子はちゃんと扱わなきゃいけないな」と扱いを変えさせることもできるのです。

これらって男性に媚びることではなく、大好きな彼をウキウキさせてあげるサービス精神なんです。**貴女を大切な宝物扱いしているとき、「レア感のあるものを大切にしたい男心」**も満たすことができるのですよ（奮発して買ったバイクや、並んで購入した推しグッズを大切にするのと同じ心理)。

もしかしたら貴女は顔立ちや体型にコンプレックスをもっているかもしれません。

それでも女らしい見た目に変身し、「メス力」的なふるまいをすれば、男性は貴女に魅力を感じて丁寧に扱わざるを得なくなるので問題ナシ！

「女らしいファッションなんて恥ずかしい……」なんて思わずにチャレンジしてみてほしいのです。長ったらしく説明しましたが、男性にウケるファッションを書いていきます！

男性ウケする萌えアイテム10

①スカートは膝・膝下丈のタイトスカートかフレアスカート
②パンツは細身のストレート・スキニー
③無地Tシャツ・シャツ・リブニット（とにかくシンプルに）
④シンプルなポインテッドパンプス・ショートブーツ（ヒールなし〜7センチ）
⑤オーバーサイズのニット（無地、綺麗目）
⑥白・アイボリー・紺・黒の制服カラーを基調にする

⑦淡い色はピンクよりブルーがオトナの男性ウケ◎
⑧髪の長さは鎖骨〜胸上がベスト（身長でバランスは変わる）
⑨ウエストのラインがわかるシンプルなワンピース
⑩アクセは揺れる華奢なピアス

上半身がゆるっとしたニットなら、下半身はスキニーかタイトスカート。

フレアスカートなら上半身はタイトなシルエットのトップスなど、メリハリをつけること。

①総レースワンピ（レースアイテムは上半身か下半身に絞って）
②フリル・盛り袖（車でいうとヤン車・痛車ですコレ。シンプルにしてればいいのに）
③ミリタリー系アイテム（女らしさをなぜ打ち消すのか？）
④動物柄（レオパード・お蛇さま・ゼブラ・魔女っぽい柄）
⑤花柄全般（ファンシーすぎて難易度高し）

⑥紫・茶系のアイテムは全身に使用すると「おばあちゃんぽい」
⑦ファーアイテムはコートの襟やフードのみ使用可
⑧全身ピンク・パープルなど暖色系ワントーンコーデは派手すぎる（ワンピも×）
⑨ワイドパンツ（逆に男性に流行ってもイヤじゃない？　コレそういうことよアータ）
⑩オーバーサイズのワンピース（妊婦さんまたは、謎の宗教家臭）

私もこれらのアイテムがじつは好きです。

秋冬になるとレオパード柄や、ファーアイテムを見てワクワクするんですよね。あれってなんの本能でしょう？　女性のアニマル癖って本当に不思議。

きっと原始時代、狩りの腕がイケてる夫をもつ女性は、いろんな毛皮を身にまとってマウンティングしていたのかもしれませんね（笑）。

LESSON 07

あざとさが苦手な貴女への友だち止まりな女を卒業する戦略

男性と話をするのは得意だし、男友だちは結構いるけれど、好きな人に「お前って女として見れないよな〜」なんて言われてしまう、友だち止まりな女の貴女へ。もしかしたら、あざとさに対していいイメージをもっていないのでは？　そこで、いきなりあざとさを身につけようとする前に、女らしさのリハビリから始めましょう！　いざデートへ繰り出す前に、このステップをしっかり頭に入れてくださいね。

友だち止まりな女あるある。

サバサバと下ネタだろうが、カラダ張った冗談だろうが、右手にジョッキグラス、左手に焼き鳥もってガンガン自分からカマしちゃう。

そして「私のこと、その辺の女子女子しためんどくさい子と一緒にしないでよ」と気兼ねない女アピールをし、気がつけば好きな人の1番近い女友だちポジションに収まっている（うちらいつも一緒にいるなぁ。このままつき合うとか結婚にならないかな……♡）。

そんな淡い期待を打ち崩す「彼女できたんだよね」の彼のひとこと。

しかもその彼女、思いっきり女子！　思いっきりオンナ！　私と超真逆のタイプ。

ウルウルした瞳でしっかり者に見せてドジっ子で、そんな彼女を「しょうがないな～♡」ってデレッデレな顔して見つめる彼（なんでよ？　サバサバした女が好きって言うてたやん……！　ていうか絶対あの子、計算だし！　女同士だからわかるし！　っとイラつくわ～！涙）。

あざとさにイラつくのはじつは嫉妬ですよ

こんな苦々しい経験をしたことのある貴女へ。

女性らしくふるまうことに嫌悪感がありませんか？　女性らしくて、男性を頼りにしたり甘えていたりする子を見て、「うわぁ媚びてる（笑）」って心の中で小馬鹿にしたりしていませんか？

それね、ズバリ嫉妬ですよ。恥ずかしながら若かりしころ、神崎メリもそういう時期があったのでわかるのです。

それでいてじつは恋愛体質な部分もあるから、女性らしさを打ち消して自分なりの方法で好きな人に近づくのですよね。でもオイシイところはぜ～んぶ「オス太郎くんウケる～♡」ってニコニコしてるあざとい子にもってかれちゃう（泣）。

「でもさ、あんなあざとい女に引っかかるなんてバカな男だったんだよ」

そう皮肉を言って一生を終えたいですか？

貴女の心の中にある、好きな人ににゃんにゃん甘えたい欲求を無視して生きていくつもりですか？

好きな男性に女らしくふるまうことは罪ではありません。

ましてやみっともないことでもありません。

そもそもその「女らしさ＝悪」は貴女の母親から刷り込まれた価値観だったりしませんか？一緒にＴＶを見ているとき、女性らしい雰囲気のタレントさんを母親がｄｉｓっていたり、思春期に貴女がオシャレし始めたのを「色気づいて！」とブツブツ言ってきたり……。

または小学校のころ、女の子らしい子に好きな人をとられたり。

知らず知らずのうちに、女性らしくふるまうことに罪悪感をもってしまっているのですよね。その女らしさへの抵抗感、めっちゃわかりますよ。

今日からいきなり貴女があざとい系女子に豹変するのはムリがあるでしょう。

でも男性をドキドキさせて恋に落とすには、女らしさやあざとさは必須科目です。

まずはリハビリをして、女らしくふるまうことに慣れていきましょうね！

女らしくふるまうことに慣れるためのリハビリレッスン

①わざわざガサツにふるまうの禁止！（膝を閉じて背筋伸ばして座ること）

②男性の意見を言い負かすの禁止！（討論好きな男性もいますが、それには男性に勝ちを譲るテク

ニックが必要です。今の貴女には難易度が高いハズ。論破女に男性は好意をもてません）
③「私って男っぽいから」などの発言禁止！（変な自己保身しない！）
④「ありがとう」を照れずに素直に言う（素直さを出すのが苦手な人が多い）
⑤周りの女らしい子のふるまいを観察してとり入れる（無料の教材ですよ。感謝）

この辺の「メス力」をしばらく徹底してください！

ある程度身についてきたなら、これから伝授する男心を掴む「あざといメス力」も抵抗感なくできるようになってくるハズです。

男勝(まさ)り、姉御肌(あねごはだ)、サバサバキャラ、ガラッと変える必要はありません。「メス力」がいいギャップとなって貴女の幸せを後押ししてくれるハズですよ！

LESSON 08

デートであざとい「メス力」が男心を撃ち抜く！

ここからはデートの「実践メス力」です。「俺サバサバした子が好きだな〜。女女してる子、扱いわかんないし」と言ってた男性が、あざとい系女子にメロッメロになっていくの、何度も目撃してきました。男性をキュンとさせ、貴女への恋心を芽生えさせるにはあざとさは必須科目です。毛嫌いしたり、照れたりせずにどんどんカマしていきましょう！

【お願い】デートであざとい「メス力」を発動せよ

「メリさん、あざとい女なんて私ムリです……」

全国11万人のフォロワーさんの声が聞こえてきます。

わかりますよ、その気持ち。超わかります。

何度もお伝えしていますが、私自身あざとい女とかめちゃくちゃ苦手なタイプでした。サバサバぶってガハガハ笑って、デート前のメールではテンション高かった男性から「思ってた人と違うね（失笑）」なんて言われ、やらかした過去もあります（トオイメ）。

だ！か！ら！こ！そ！　男性の恋心を萎えさせないためのマナーとして、あざとい「メス力」を実践してほしいのです（コエヲ大ニシテイイタイ）！

デートでのあざとい「メス力」十訓

①会った瞬間めっちゃ笑顔

会った瞬間がその日のデートを制すと言っても過言ではありません！　貴女は好きな人に会った瞬間つい照れて真顔になっていませんか？

彼を見つけた瞬間、「ぱぁぁぁ～♡」とした笑顔を見せましょう。男性はそれだけでもううれしくてたまらなくなります。せっかくのチャンス！　しかめ面でスマホを見ていてはいけませんよ。上級者なら、ワザと彼が来る方向とは逆をぼんやり見ていて、彼がグイッと来たら「やだ♡　びっくりしたぁ〜♡」と笑顔を見せるのもかわいらしいでしょう（笑）。

②「何食べたい？」には「コレとコレどっちがいい？」で褒め仕込み

メニューを開いたとき彼から「何がいい？」などと聞かれることでしょう。そんなときは、「コレとコレ、どっちにしよう？　オス太郎くんどっちがいい？」と選択肢を2個出します。オス太郎が選んだほうを注文し「美味しいね♡　オス太郎くんセンスあるね♡」と褒めましょう。この子とご飯食べにきてよかったなと思います（褒め仕込み）。

③注文は小声でお願いすべし

店員さんにお願いするのではありません。彼に「店員さん呼んでもらっていい？」と小声でかわいくお願いしましょう。交際後も徹底すると、エスコート上手な男性に育ちますよ。

④無言は恐れず「ん？♡」

デートで無言になるのを恐れてマシンガントークする女性は色気がありません！　無言になっても恐れずに、優しく微笑んでいるような顔をキープして、彼の呼びかけには「ん？♡」と首を傾げて返事してみましょう。男性に「無言でも気まずくない女」と安心感プラス色気や隙を感じさせる仕草です。

⑤「聞き上手のメスカ」と「メスカ的雑談力」をフル回転させる

「質問プラスひとこと」、そして「女のさしすせそ」で男性を心地よくさせて、たくさん会話を広げてあげましょう。「そうなんだ！　○○ってこと？」「すごいね！　○○だよね？」など、こういう話し方があざとくてムリ！と思っているうちは、なかなか「ど本命」に巡りあえません。あと、この話し方が身につくと自分が会話を仕切らなくていいので、ラクです（笑）。そして男性の恋愛観や性格もリサーチできるので、「おクズ様」や自分に合わなそうな男性も早い段階で見極めることができます！

⑥聞かれたくない質問は「内緒♡」

貴女が元カレとどうして別れたのかとか、貴女が答えたくないと思う質問をしてくることもあるでしょう。そういうときは動揺したり嘘をついたり、変にとり繕おうとせずに、「内緒♪」「もうちょっと仲良くなったらね♡」とかわしましょう。かわいらしいし、余裕があるように見えて、しかももっと仲良くなって知ってやろうと狩猟本能が燃えます（単純）。

⑦イヤなことは突き放してOK

何を勘違いしたのか、1回目のデートからキスをせがんでくる男性がいます。

こういう男性には「私、そんな軽そうな女に見えた？（苦笑）」と突き放してOKです。これに限らず失礼なことをされたら「そういうのイヤ」とハッキリ短く言ってもいいのです。中にはその姿勢に痺れて「ど本命」になるマレなケースもあります（なんでもYESな女性にしか出会ったことのない不幸な男性なんでしょうなぁ〜）。

⑧「オス太郎くんが彼氏だったら楽しそう♡」

男性にひと押ししたいときは、「貴方が彼氏だったら楽しそう」「彼氏だったら頼れそう」などと言ってしまいましょう！　あざとさ100％のこのセリフ、相手は急激に貴女のことを女として意識しちゃいます。

⑨酒に酔った状態で告白されたときのメス力

中には酒の勢いで「俺。メリ子のこと好きなんだよ」「俺たちつき合っちゃう？」などと、告白してくる根性ナシのチキン様がいます。そういうときは浮かれたり、慌てたりせずに「今度、シラフで言ってくれたら考えるね♪」で流しましょう。本気なら後日シラフで正式に告白してきます。ナーナーな関係から始まる恋愛を男性は大切にしません。ここはあざとくシラフ告白に導いていきましょう。

⑩聞き役にまわって自分のことを話しすぎない

男性はつき合う前の段階で貴女のすべてを知ってしまうと、急速に狩猟本能が萎えてしまいます。男性から質問をされたら、嘘はつかずカンタンに答えて「オス太郎くんは？」と質問で返しましょう。聞かれたくない質問は⑥「内緒♡」でかわいく回避しましょう。また、「私の交友関係」「仕事の愚痴」「人間関係の愚痴」「スピリチュアルトーク」「私のトラウマ話」「恋愛遍歴」については女友だちと話してください。男性は「クッソつまんねぇ～」と思ってしまいます（だから聞き上手になったほうが自分がラクなのよ）。

番外編　つき合う前にあざとく伝えておきたいこと

デートを数回重ねて、相手が自分に好意をもってるなぁと感じた段階で、貴女が気まずいと思うことは話してしまいましょう！

「どんなタイミングで伝えたらいいかわかりません」とご質問で多いのが、バツあり、シンママ（シングルマザー）、非正規雇用、持病、家庭環境などなど。

これらの内容をつき合って月日が経ってから告白しようとすると、どんどん気まずくなってしまいますし、貴女の中に「騙してるって思われないかな?」と変な意識が芽生えてしまって、デートで浮かない表情をすることになり、魅力がなくなってしまいます。

「え? 元カレ? う〜ん離婚してから恋愛してなかったしなぁ〜」とサラッと伝えるもよし、正式に告白されたときに「私、バツあるよ?」とケロッと伝えるのもよし。**大切なのはオドオドしたり、自分(子ども、家族)を卑下しないこと。**あくまで、**「こんな私でもOKな人ならつき合おうかな? イヤならしょうがないね! どうする♪」**というスタンスで。

ちなみにコレ、営業マンのテクニックでもあります。欠点(だと貴女が思ってる部分)を重々しく伝えない。だからどうしました?と伝えると相手もそこを問題視しないそうです。

もし、これらのことを伝えて、男性が難色を示したり、交際を渋ったりするならその彼は「ど本命」ではなかっただけ。潔く諦めましょう。何はともあれ、デートを思い切り楽しんでくださいね! それが1番の「メス力」でもあります♡

LESSON 09

デートの締め！「お会計」の「メス力」マナー

デートでのあざとい「メス力」をフル展開した貴女を見る彼の瞳は、「ヤバイ……この子っていいかも」そんな思いに濡れているかもしれません。貴女も「もうちょっと彼といたいな♡」なんて舞い上がっていることでしょうが、ちょっと待ってください。お会計のときの相手のふるまいこそが「おクズ様」か「ど本命」かの分かれ道ですよ！

19：00に待ち合わせしたデート。お酒も交えつつ盛り上がってきたところで、店員からの無常な「ラストオーダーで〜す」のお知らせ……。時計は21：00。お会計タイムへ突入。

ここでシビアな判断が下されます。

男性は絶対に逃したくない女性とのデートのとき、お財布を開かせません。「ここでいいカッコしないでどこでする⁉」と言わんばかりに、さっさとお会計を済ませてくれます。でも礼儀として貴女は出すそぶりをしましょう。

そして彼が「いや、いいよ」と言ったのなら「ううん！　私も出すよ」とお金を出して彼のいいカッコしたい男心（メンツとも言う）をつぶしてはいけません。ここでいい子アピールをしようとしてしくじる女性が多いので要注意ですよ！

心から「ご馳走さまでした。本当にありがとう」と頭を下げて伝えましょう。

ご馳走されなかった場合

さて、割り勘だったときや、「1000円でいいよ」と言われたとき（もちろん貴女が奢るとかは完全ナシ。そんな相手は「おクズ様」です）。

「あぁ、『ど本命』じゃなかったんだ」「そこまで思い入れなかったのね。了解」と現実を受け止めましょう。

割り勘主義の男性も、「これぞ！　絶対に逃したくない」という女性とのデートではご馳走します！

男性は絶対に手に入れたいものにはお金を惜しまない性質があるのです。つき合う前のデートでお金を渋られるということは、貴女に対して価値を感じていないのです。

貴女が「本命止まり」の結婚でいいのであれば、割り勘でもいいかもしれません。でも本書はあくまで「ど本命婚」を目指しています（しつこい）。結婚しても精神的に安定して、夫から愛され続ける生活がしたいのなら、ここで目を覚ましてください。

高収入でなくても、彼なりのカッコつけ方があります。それはオシャレなお店ではなく、居酒屋かもしれません。場所に惑わされることなく、彼の心意気を見てください。

では、ご馳走してくれる男性＝「ど本命」かというとそうではありません。3回目のデートまでは、**貴女とHするための投資として、ご馳走してくれる男性のほうがむしろ多い**ハズ。それを見極めるには「3ヵ月ルール」（207ページをご参照ください）を徹底しましょう！

奢り奢られ問題。

男性陣からのクレームで多いのが「っていうか、奢られて当然みたいな女、ありえないよな」「本気でもマジで冷めるわ」「注文しまくってほとんど箸つけない女いてさ！　お礼も言わないしなんなの？」といったもの。

なんと女性の中には「アタシが来てあげてるんだから奢って当然しょ？」とお礼ひとつしない態度の方がいるのだそうな……。

むしろ帰りのタクシー代を無心されたなんて話も……。

まさかそんな方は読者さまにいらっしゃらないとは思いますが、男性にご馳走になったら、心からお礼をその場で伝えてくださいね。

LESSON 10

今すぐ抱かれたくても終電前に帰宅すべし！

19：00すぎからデート始めて、盛り上がってきたころちょうどラストオーダーの時間になる法則ありますよね～（笑）。そのまま2軒目、3軒目と流れて、まさかホテルまで行ってしまってませんか？　それじゃいつまでたっても「とりあえずの彼女」人生から抜け出せません。ここで、「押すメス力」から「引くメス力」にあざやかに切り替えます！

1軒目のお店でほどよくお酒も入って、話が盛り上がってきたタイミングで店員から告げられる無情のひとこと「ラストオーダーで～す」（このネタしつこい笑）。

……マジか。やっと打ち解けてきて、お互いに手応え感じてきたのに……。

「メリ子さん、よければ2軒目行きませんか？」

「はい、もちろんです（おっしゃ〜絶対行くでしょ！）」と、お店をはしごしているうちに、泥酔。そして千鳥足でタクシー帰宅。

翌朝。初回デートなのにベラベラ自分のこと話しすぎたわ……。元カレが変な性癖あるとか、私がフラれたとか超いらない情報話しちゃったんですけど〜!! クッソ〜〜！ メス力違反しまくってしまった〜（涙）。

と大反省した経験誰しもあるハズです（なかったらゴメン笑）。

デート時間が長引けば長引くほど、相手は飽きる

いい感じの人とのデートが盛り上がったときに、ついお酒が進んだり、余計なことをベラベラ話しすぎてしまうのはよくあることなのです。

これをしてしまうと、男性にドン引きされる可能性があるうえに「この子のこともっと知りたい」「しっかりと口説きたい！」「また早く会いたい」と狩猟本能を掻き立てられな

い可能性まであるのですよね〜。

「メス力」では、男性に超追わせて「ど本命」になることが目的ですから、つき合う前の長時間デートは避けましょう！　中だるみしてる場合じゃありませんし！

デートのタイミングで相手の恋心を操る「メス力」

じつはデートをどのタイミングでお開きにするかによって、男性の恋心を左右することができます。

1番効果的なタイミング（大前提、終電前には帰宅することとして）は、「めっちゃ盛り上がってる〜♡」というタイミングで「ごめんなさい！　どうしても今日はもう帰らなきゃいけなくて……残念です〜」と貴女から申し出る。できれば2軒目に行かないのがベスト！

「え？　本当にそのタイミングで帰るの？」と思った貴女、考えてみてください。

ドラマや漫画でも盛り上がっているときに、「また今度」されるから「続きが気になる〜!!早よ次回！」となるのではありませんか？

最初っから長い時間デートしてチンタラダラダラと話をして、中だるみしたところで解散している場合でしょうか？　ましてやその日のうちにHしちゃう女性に「ど本命」にする価値を感じると思いますか（性にダラシない女だと思われますよ）。

これでは男性を恋に落とすのに大切な「レア感」も失われてしまうのですよ！

このタイミングでお開きと告げられた男性は、「えええええ〜もうちょっと話したかった〜」という名残惜しさで頭がいっぱいになり、きっと前のめりでこう言います。

「次、いつお時間ありますか？」

お誘いされたら「明日もヒマですぅ〜」なんて飛びつかず、レッスン5の「デートの受け方ひとつで男は貴女にレア感を感じる！」（154ページをご参照ください）の「メス力」に則って約束をとりつけてください。貴女は忙しくてモテる女性（設定）です。次のデートまで最低でも1週間は空けましょう。

さて、バイバイしたあとは、LINEの「メス力」です。

「ど本命」完落ちさせましょう！

LESSON 11

【LINE】デートで盛り上がったあとは「引く」で即告らせる！

せっかく終電前にバイバイしたのに即LINEでは意味がありません。盛り上がったタイミングで解散し、さらにはLINEでも引き算していくことが彼の恋心を最高潮に高めるためのトドメとなります。ここが苦手な女性が多いので、しっかり気合い入れていきましょう。

たとえばこんなLINEを解散直後に送っていませんか？

「オス太郎さん♡　今日はご馳走さまでした！　選んでいただいたお店も超センスよくて、

すごく美味しかったです〜♪　そして改めて2人でゆっくりお話できてよかったなぁって思っています♪　オス太郎さんって意外とお茶目な一面あるんですね（笑）。また会えるの楽しみにしています♡」

はいっ！　メス力的にアウトです！　でもわかりますよ、失礼な女と思われたくなくて、ちゃんとしたお礼ＬＩＮＥを即送ってしまう気持ち。

でも貴女はもう充分デート中に「メス力」で相手の心を掴みました。

その結果、彼は帰路につきながら、「いい子だったな〜♡　俺たちいい感じだよな!?　つき合えるかな？」と妄想してキュンとしている状態。そこで好意の追撃ＬＩＮＥをしてしまうと、「やっぱつき合えそうだよな！」と彼を安心させてしまうことになるのです。

恋愛で男性を安心させることはご法度です。「安心＝恋心の鎮火」です。

マメに連絡とり合うことが、本当の意味で彼のためになるのか？　彼の恋心を萎えさせる結果になってしまっていないか？　まずは彼の目線に立ってこの男心を理解してください。そしたら即連絡しないことも、長文を送らないことも、失礼でもなんでもないとわかるハズです。**すべては彼をドキドキハラハラさせて喜ばせるためなんです。**

①その日は連絡・返信しない（自宅に着いたら連絡して！と言う男性がいますが、翌日「返信なくて心配した」と突っ込まれたら、夜遅い時間帯は寝る支度をして、スマホいじらずに寝ちゃう設定にしましょう。送り届けもせずに一丁前に文句言いなさんなっていう話ですわ）

②連絡がきていたら翌日のお昼ごろに返信する（この間、彼は「俺なんかやらかしたかな？」とか不安になります。すなわち貴女のことで頭をいっぱいにしているのです）

③LINEは基本明るくさっぱり短く感じよく「昨日はご馳走さまでした♪　楽しかったですね♪」程度で充分

④基本返信するスタイル（自分から白々しく用事つくって連絡しない）

彼からガンガンLINEがくることもあるでしょう。「今から会えない？」と急に連絡してくることもあるでしょう。でもそのペースに感化されて長文を送ったり、好意見え見えのLINEを送ったり、即レスしてはいけません！

何時に起きて、何をランチで食べて、何時ごろ帰宅して、何時ごろ寝るだとか、何曜日に習いごとしているだとか、LINEで発信してもいけません（SNSでも）！

会っていないときの貴女が謎に包まれていることで、彼は「もっと知りたい！」と貴女に会いたくなるのです。一種の飢餓状態に追い込むのです……。

引く「メス力」で「ど本命」完落ちを狙う！

「今すぐ会いたい！」けれど、貴女にデートのお誘いをしてもお手軽には会ってもらえない……。だからこそデートの内容（場所）に気合いが入ります。人気者の女性の時間を自分がもらっているんだという意識で貴女を迎えます。

そして会ったときに「メス力」の高い貴女のふるまいを受けて「この子しかいない！逃しちゃダメだ！」「こんなに俺デートで気合い入れたこともないし、マジでこの子のこと好きなんだな」と勝手に「ど本命」確信していきます。

するとデートを2、3回した時点でハッキリと「つき合ってほしい」と彼は言ってくるでしょう。しかも結婚前提かもしれません。

LINEで密にコミュニケーションとると、確かに貴女も安心するでしょう。彼からの通知に心が踊って楽しいでしょう。でもつき合う前から密になればなるほど、彼は貴女への興味が薄れていってしまうとしたら……？

そのＬＩＮＥ。本当に送る必要はありますか？

貴女のことを妄想してドキドキしている彼の恋心に水を差さないでくださいね。

賢い女はしっかりと引いて彼の愛情を引き出せるのです。

ちなみに、ここまできても彼から熱心にアプローチされなかったり、連絡がこない、次回のデートの話にならない場合、単純に彼にとって貴女は「やっぱり違う」のですよね。やるだけやっても、繋がらない縁ってあります。だから自分に魅力がないのかな？と自分を責めたり、彼にしつこくしたりせず、頭を切り替えて次の恋へ進んでくださいね。ない縁に執着しないのも「メス力」のひとつですよ。

LESSON 12

マッチングアプリで好みの男性と巡りあう裏技

マッチングアプリから始まる恋で、結婚している人が激増しています！　今の時代、婚活のためにマッチングアプリはなくてはならないツールとなりました。とはいえ、なかなか自分的にアリと思える男性からはなぜかアプローチされないもの……。そこでSTEP3の最後のレッスンとして、マッチングアプリで自分的にアリだと思う男性からアプローチされる超裏技をご紹介します！　本邦初公開です！

30代になって「イイね」すらされなくなった……どうすれば？

神崎メリの友人A子さんから教えてもらった、「マッチングアプリで好みの男性と巡りあう裏技」を皆さまにシェアさせていただきます（了承済み）。

A子さんは、30代半ば、マーケティング会社の社長です。

仕事命で今まで進んできて、「そろそろ婚活するかぁ」と軽い気持ちで某有名マッチングアプリに登録したものの、ぜんっぜん男性からイイねも足跡もつかない現実に愕然。人気ランキングにいるのはいつも20代のとびきりステキな女の子たち……。

そしてイイねされたとしても、「ごめんなさい……本気で生理的に……泣」な男性ばかり。

婚活やアプリでもそうなのですが、男女お互いに品定め感がある場所では、どうしても見た目・年齢・年収などの条件面でジャッジされてしまうのはしょうがないこと。

A子さんもとてもステキな女性なのですが、20代という数字の前ではなす術がなかったのですよね（友人から入っていくと年齢なりの余裕や「メスカ」などアピールポイントがたくさんあるのですが……）。

ここでA子さんは諦めることなく、いかにして好みの男性からのイイねを集めるか？　本業のマーケティング力を活かして考えました。

本書でもたびたびお伝えしていますが、男性は価値がありそうな女性が大好き。レア感のある女性が大好き。つまり「モテそうな女性が大好き」です！　この男性心理をうまく突くことができれば、年齢など関係なく、男性を惹きつけられるとA子さんはマーケティングの観点から考えました。

ということは、イイねをたくさん集めて人気ランキングに入る女性になってしまえばいいのです。真実はいつだってシンプル！　あとは知恵を絞って創意工夫ですね。

人気ランキング入りするために
マーケティングのプロのA子さんがしたこと

①プロフィールづくりを徹底する

まず、自分がどんな男性とマッチングしたいのか？　しっかりと想像します。チャラチャラしてなさそうな男性がいいなら、ヘアメイクを清楚な雰囲気にします。ケバい雰囲気や個性的なヘアメイクはここでは封印します。プロフィール文も浮ついた印象のない落ち着いてて感じのいいものでつくり込みます。写真は基本的に爽やかな笑顔のものをたくさん！　そして写りのいいものだけを載せます。自分の趣味や好みなども積極的に書いていきます。

②人気なさげな男性に足跡つけまくる

イイねが集まっていなくて人気がなさそうな男性を狙って足跡を片っ端からつけます。人気がなさそうな男性の通知はおそらく少ないため、ほかの通知に埋もれることなく即イイねで返してくれることが多いからです。

Ａ：「これを１０００人くらいば〜っとしていきます」

神：「せっ、１０００人！」

③イイねが集まってランキング入りする

ランキング入りした貴女は男性の目に「人気の女神様」として映ります（どんだけ単純やねん）。するとメッセージや足跡、イイねが激増します。メッセージも上から目線のものではなく、「どうか読んでくれますように……！」「お忙しいと思いますが」などそれはそれはご丁寧に女神扱いしてきます。

④人気ランキングに入るといい感じの雰囲気の人からもくるようになる

男性は人気の女に弱い……。ランキング入りすると人気の男性や、ステキだなぁと感じる男性からもメッセージやイイねがジャンジャンくるようになります。また自分からいいと思う人にイイねしたとしても「こんな人気の子からイイねがきた！」と相手が勝手に前のめり状態になっていきます。

ここまでこれたら、もう自分からいい感じの人を選べる立場にいるのです……！

文章にはその人となりがダイレクトに出ます。失礼な男性、違和感がある男性、すぐに連絡先を交換しようとする男性、すぐに会おうとする男性はこの段階で切ってください。やりとりしていてスムーズな男性を選びましょう！　そして会うことになったら、デートの「メス力」を実践すればＯＫです！

マッチングアプリ用デートの「メス力」

マッチングアプリで知り合った男性でも、デートの「メス力」は基本的に同じです。とはいえ相手は初対面の男性です。初対面の方とデートするときに注意すべき点をお伝えしていきます。「ど本命」を見極めて騙されることがないようにしましょう。

初対面の男性と会うときの注意点

マッチングアプリで出会いを探している男性の中には、不倫相手を探している既婚者、スーパー遊び人、色恋で自分にハマらせてから高額ローンを組ませる詐欺師などが混じっています（被害者の方からご報告多数）。

恋愛上級者になれば、2回くらいデートしたり、やりとりしている中で「この人怪しい！　既婚者じゃないの？」「はい、出たH目的〜」と直感が働くようになります。

でも「直感力を働かせればわかるでしょ？」と言われたところで、初心者の貴女や、そもそも人を疑った目で見る性格ではない貴女にはすごく難しい話だと思います。

なので、初対面の男性と会うときに注意すべき点をここに書いていきます。

会う前に必ず一度目を通してください！

①名刺交換を提案：名刺くださいと言うこと

既婚男性や、H目的の男性、詐欺師は自分の身元を隠したがります。会社名を濁したりする男性は要注意です。え？　名刺交換なんてドン引きされそう？　いいんですよ、貴女を利用しようとする「おクズ様」にはドン引きされて！

②聞き上手の「メス力」で話をさせる

聞き上手になるメリットはこんなときにも発揮されます。男性にたくさん話をしてもらってください。貴女を騙そうとする男性の話には必ず妙な矛盾点があります。それを聞き逃さず頭に入れておいてください。

③聞きたいことは初回でハッキリ聞く

結婚しているかどうか？　バツありかどうか？　職種、年齢、出身地などは明るくハッキリと聞きましょう！　ごまかしてくる男性は要注意です。アプリで「ど本命婚」している女性たちは、深い関係になる前にこの辺のことを単刀直入に聞いている傾向がありました。物怖じしない姿勢は意外と男性からの好感度が高いものです。

④貴重品を肌身離さずもつ

びっくりする話なのですが、アプリで知り合う相手の中には金品目的の男性がいます。女性がお手洗いに立った隙に財布から現金を抜いたり（個室居酒屋要注意）、カラオケに誘い、やはり女性がお手洗いに立った隙にお金を抜くなどするようです。お会計は彼がもってくれて、財布を開かせることなく解散するので女性も気がつかないようです。

⑤高額ローン詐欺師がいると頭に入れておく

最近多発しているのが高額ローン詐欺師。ダイビングスクールの高額ローンを組まされたなど読者さまからも情報が入っています！　万が一、何か商品を買わされた場合、即消費者センターに連絡しましょう。

⑥相手のお店選びにも注意

相手が指定したお店へ行ったら、「お手洗いに行くね」とそのままトンズラされて、数万円の請求をされるパターンも増加しています。お店の人間とグルのぼったくり詐欺師です。これを防ぐためには、指定されたお店のレビューを見る、信用できると確信するまで事前情報のないお店（とくに2軒目）には行かないなどを徹底してください。

注意点をたくさん書いてきましたが、警戒心はもちつつ「気の合う人がいたらラッキーだな～」くらいの感覚で肩の力を抜いて自然体で楽しんでください。

アプリで「ど本命婚」した方の中には、2回目で巡りあえたラッキーな人から、「最初から100人は会うって決めてました！」という方までいました。

数度のアポで「ど本命」に巡りあえるなんてマレなこと。だから男性と会ったときに傷つくこともあれば、H目的の男性に当たってしまって精神的にすり減ることもあって当たり前。正直、「ど本命」以外の男性との出会いってそういうモノなのです。

「私にはいい人なんて現れないのかも」「H目的ばっかりでそんなに安っぽく見えてる？」なんて自分を責めないでください！

まだ出会ってないだけ、そう未来を信じることです。

出会うことに疲れたらしばらく休憩しましょうね。

STEP 04 | STEP 03 | STEP 02 | STEP 01

STEP 04
秒でプロポーズさせる

今すぐ「ど本命婚」
するための10のステップ

3ヵ月で
電撃プロポーズさせる
10のステップ

STEP3の「告らせる」はうまくいきましたか？「はい！　その通り動いたら、告白されました！」。それはよかった！　でも、ここで安心しきってしまってはいけませんよ。貴女が目指すのは最短で「ど本命婚」を勝ちとること。そして結婚してからもラブラブな「ど本命」として生きること。つき合えたはいいけど、2年も3年もプロポーズしてくれない……そんな時間を過ごさないためにも、ここで一気にたたみかけましょう。「ど本命婚」のためには、じつはつき合い始めがとってもとっても大切なのです。ここ間違えたらアカンのですよ。では、覚悟はいいですか？　今すぐ「ど本命婚」を叶える10のステップ、本邦初公開です！　とにかくこの順番でやっとけ♡

LESSON 01

結婚する気ないならつき合わないと言うこと

「え？　10のステップは告白された瞬間から始まっているの？」と驚愕した貴女。はい、その通りです。「ど本命」の男性から告白されたときの受け方が、その後の関係を決めるにあたり、重要なモノになってくるのです。最初が肝心です。大丈夫、「ど本命」なら問題ありません。ここで舞い上がらずにしっかりと貴女が望む方向へ交渉してみましょう！　では最速で「ど本命婚」を勝ちとるための最終章、始めます。

結婚前提でつき合いたいと言われたときの男性の心理

まずは、その気のない男性から告白されたカナ子のエピソードをご覧ください。

「カナ子さん、おつかれさまです！　お元気ですか？　もしよろしければ今週末美味しいイタリアンに行きませんか？」

またきたよ、ヨシオさんからのお誘いLINE。3回断っているのにま～だしつこく誘ってくる……。いい加減1回くらい顔出さないと気まずい……、意中のオス太郎くんからは一向にデートに誘われる気配ないし、だるいけど1回くらい行ってみるかぁ～。

「土曜ですね？　18：30以降なら空いてます」（ど短文返信送信）

ヨシオはこのチャンスを逃すハズはなかった。カナ子に真っ向勝負を挑んできた。

「僕はカナ子さんのこと真剣に考えています」

「えっ（困惑）、でも私、次つき合う人とはすぐに結婚考えているんで……。ヨシオさん前に話したときに数年は彼女つくる気ないって言っていませんでしたっけ？」

「カナ子さんに出会って気が変わりました、結婚を前提に考えています（キリッ）」

「いや（困惑）、でも、ご実家の家業お継ぎになるんですよね？　私、この土地から離れる気はないので……」

「そうですか、確かにムリに僕の実家のほうに来てくれとは言えないので、家族としっかり相談します。ではそれも視野に入れて僕との交際考えてくれませんか？」

カナ子は断りたくて、「でも結婚する気ないですよね？」「貴方の実家には行きません」と切り返したつもりが、「なるほど！　それさえクリアすればつき合えるのですね？」とヨシオは勝手にポジティブ変換してしまったのです……。

ど本命なら「結婚前提じゃないとつき合わない」で燃え上がる

さて、なぜヨシオは燃え上がってしまったのか？　この現象における男心の内訳を考えてみましょう。

女性のほうが交際をためらっている様子を見せ、「う〜ん○○だしなぁ」と相手に引かれそうなことを堂々と伝えると、「その最後のひと押し決めてやろうじゃないか！」と狩猟本能がメラメラッとしてしまうことで引き起こるのです（燃）。

そして男性は「ど本命」がつき合うのをためらっている原因を全力でクリアしようとします。「むしろその原因を伝えてくれてありがとう！」とすら思っています。

そう、男性との関係は最初が肝心です！

おつき合いするとき（プロポーズも含みます）に、貴女が不安に思っていることは、ビビらずにガツンと伝えてください！

「結婚する気ない人とはつき合う気ないんだよね」

「30歳までに結婚するって決めてるから、遊びの恋愛してるヒマはないの」

「私の子どものことも、私以上に大切にしてくれる人じゃなきゃイヤなの」

こういう本音は時間が経てば経つほど、貴女の中で、（聞いたら引かれるよね）とタブー化していきます。それでいてどんどん「相手の気持ちをハッキリ聞きたいっ」と悶々としていきます。

悶々とした結果、勝手に不安になってしまい「結局、私のことなんて遊びなんでしょ〜」と、「ど本命クラッシャー」化してしまうのは王道パターン。そうならないためにも、告白されたときに結婚の意思があるか？　ハッキリと聞いてみましょう。

ちなみにここで男性から、「結婚願望はない。いつか出てくるかも？（あるとは言ってない。早くHしてか早くHしよう）」「数年は考えられない（君がいくつになろうと知ったこっちゃない。早くHしよう）」「でもメリ子さんの子どもまでは……（Hしよう）」などと言われた場合、貴女といっときの恋愛（H）を楽しめたらいいという「おクズ様」です。

交際を見送る勇気を出してください。

でないと、１００％泣かされる恋愛になると断言します！

「でも、せっかく彼氏ができそうなのに言えないよ！」

「こっちからお願いしてつき合ってほしいレベルなのに……」

「やった〜って無邪気に喜んじゃダメなの？」

貴女がそんなふうに思ってしまう気持ちはよ〜くわかります。

でも貴女のもっと先にある1番の望みは「ど本命婚」のハズです。

何も考えずに交際スタートして「いつになったら結婚の話出るの⁉」「結局この人は私と結婚する気はあるワケ？」とイライラしながら日々を送ることではないハズです。

交際を申し込まれたとき、貴女には「電撃婚」と「おクズ様」を見極めるためのチャンスが巡ってきています！　このチャンスを逃さないでくださいね。

それに、貴女がつき合うことに不安を感じている姿勢を見せると、彼は「大切にしてあげなきゃ」「ちゃんと不安材料をとり除いてあげなきゃ」とさらに優しい気持ちになるものです。

「この子はしっかりと自分の不安材料を伝えてくれた。俺はそれを受けても気持ちは変わらず、その点をクリアにしてつき合おうと決めたんだ」

彼の中でこういうストーリーをつくらせてあげてください。

男性は自分で問題解決して決断したことを誇りに思うのです。

貴女が大好きな彼に1番最初にプレゼントできること、それは「誇り」なのだと覚えておいてくださいね！

ちなみにもうすでに交際中の方もまだ大丈夫！　この先のレッスンで彼に結婚をうま〜く意識させる方法をお伝えしていきますよ！

LESSON 02

おつき合いしてから3ヵ月はHしないこと

男性が「ど本命」かどうか見極めるためには、おつき合いし始めてから3ヵ月はカラダの関係になってはいけません！　これは「メス力」でも1番というくらい大切なことです。「え〜そんなに待たせなきゃいけないの？」と目を見開いてこのページを読んでいる貴女に、その理由をひとつひとつ解説していきます。

デート3回でH神話はマスコミの陰謀論（by神崎メリ）

デート3回目でHをするのがフツー。

日本中にはびこっているこの風潮、神崎メリは男性に都合よく広告経由などでつくられたものだと推測しています……（フッ「おクズ様」め）。

事実、男性にインタビューすると「遊び目的の女なら、3回目のデートまでにHしたいよね！　ご飯奢るのもタダじゃないんだからさ（笑）」などという本音が飛び出して、思わずクラクラしちゃいます（安くね〜よ。アタイらそんなによ）。

しかし、こんな謎の現象も目にすることは少なくありません。

「俺、メリ子にず〜っと片想いしてて……3年も」と都合よく、送迎係にされていたりする男性。Hはしたいんだろうけど、とにかく大好きすぎて「一緒にいられたらそれでいいんだ！」みたいなね……。

ここから男性の「ど本命」とその他の女に関するHについての本音を書いていきます。

いつもつき合ってすぐHしてしまうどころか、つき合う前にしちゃう貴女！　そして、Hが終わったら素っ気なくされたり、1年以内に破局することになる貴女も！　その原因をしっかり理解すべく、心して読んでくださいませ！

「ど本命」彼女に対しての男の本音

①君がその気になるまでじっくりと待つよ！
②俺が遊び目的じゃないって知ってほしいからカンタンには手を出さないよ
③カンタンに手を出して嫌われたくないから様子を見るよ（おキッスはいいよね？）
④初Hで緊張してダメなときもあるよ（慰めもいらないから普通にしててね）
⑤別にHできない日でも会いたいから会いに行くよ！

「とりあえずの彼女（セフレ）」に対しての男の本音

①今日やろうぜ（初デートだけどホテル行こうぜ）
②デートにかかる金もタダじゃないんだからもったいぶんなよ（3回目にはHするぞ）
③お前がつき合う価値ある女か抱いてから決めるよ（相性チェックしてやろうか）
④は？　生理？　Hできない日に会いたくね〜よ！（俺にだけサービスしろ）
⑤H終わったんだからベタベタすんなよ！（賢者タイムなんだよ！）

さっ、サイテ〜〜〜！

でもこれが「ど本命」以外の女への男の本音です。

Hするまでは男性は基本的にマメです。

きっと恋愛初心者の貴女はそのマメさが、誠実さからきているのか？　性欲から出ているのか？　見極められないと思います。

なので「メス力」では、おつき合いしてから3ヵ月間はHしないことで、遊び目的の「おクズ様」を暴き、逆に「ど本命」の恋心をもっともっと膨らませていきます。

3ヵ月Hしなかったときに男性から出る本音

3ヵ月の間、キスしたりイチャイチャしてもいいですが、カラダを触らせてはいけません。キスするうちに彼の（下半身の）テンションが上がって、貴女のカラダをお触りしてきたら、手を握ってこう言ってください。

「まだダメ」「ゆっくり時間かけたいから……今はダメ」「もう、今はダメだよ（と言ってお手洗いに立つ）」

これを言われたときの男性の本心・反応はこうなるでしょう。

「ど本命」：（え〜〜！　でもちゃんとしてる子なんだ〜。今までカンタンにHさせるような女ばっかりだったもんな〜。やっぱりこの子を大切にしなきゃ！　それにしても楽しみだなぁ〜♡）、（ハアハア……。今日は弾けすぎたな。ヤバ〈焦〉）

「おクズ様」：（はぁぁぁぁっ？　何だこの女？　処女でもない癖にもったいつけやがって！　いままでいくら飯代出したと思ってるんだよ！　クッソ〜〜〜！　イライラする〜！）

そして、「おクズ様」は露骨に不機嫌になったり、その日以降音信不通になったり、あんなに熱心にLINEきていたのに急に素っ気なくなったり、「お高くとまるな」と吐き捨てきたり、「いいじゃん！」とノリでHにもち込もうとすることでしょう……。

彼らにとってすぐにHさせない女は用無しです。

そのときの態度の豹変を見逃さないでください！

「ど本命」はお手軽女じゃない貴女に敬意を抱きます。大切にしたい想いがさらに溢れてきます。そしてますます貴女にのめり込んで、初Hを心待ちにしてウキウキ毎日を過ごすのです。

そうして貴女と初めて結ばれたとき、彼はほかの女性では感じられなかった感動を味わうことでしょう。貴女も今までどの男性からも感じたことのない彼の愛情たっぷりのHに心が震えることでしょう……。

Hまでじっくり時間をかけるということは、「おクズ様」をお見切りする方法として1番最適なうえに、「ど本命」との愛情を深める「メス力」でもあるのです。

3ヵ月ルールを守るには、断れない状況にもっていかないこと

3ヵ月間「まだダメ」を繰り返していても、次のことをやってしまうと流されてHしてしまう可能性が高くなります！　こちらも併せて実行すれば「ダメ」だけでかわせるので徹底してくださいね。

①旅行しない・ホテルに行かない（ここまでして断るのは意味不明ですよ）
②長時間密室で会わない（個室でイチャイチャしない。貴女も興奮してしまうかも）
③会うのは週2回まで（平日1日と土曜のみなど。頻繁に会うと断りにくくなる。とくに週末続けて会うのは避けましょう。とはいえ、彼の都合で全然会えないというのは「ど本命」ではないので

論外です)
④キス以上に進まない(それ以上進んでから止められると男性はショックを受ける)
⑤お泊りしない(遅くなっても彼の家にいたとしても帰宅すること!)

【女心】すぐにHをしないほうがいい理由

これまでは男心に沿って、すぐにHをしないほうがいい理由を説明してきましたが、ここからは私たち女性にとってHを急がないほうがいい理由を説明していきます。

①Hをすると女性はその男性にハマり込む

男性はH=愛ではありません。1ミクロンも愛情がない女性を抱くことさえ、私たち女性が想像するよりもフランクにできます(だからHなお店が成立するのですよ)。

しかし私たち女性は、カラダを重ねるほど相手への愛情が深まる性質があります。Hのときに出るホルモンは授乳中に出るホルモンと同じで、愛着を発生させるものなのです。

そのため、なんとなく流されてセフレになったら、相手にハマり込んでしまったというケースが多発するのです。でも男性にとってセフレはセフレ。愛情のない性の吐き出し口なので、結果として女性だけが辛い思いをすることになるのです。この状況に陥るのを予防するために、H前に「おクズ様」かどうか見極める必要があるのです。

②望まない妊娠をしてしまう可能性

私のところにくるご相談で多いのが「妊娠したら彼が音信不通になりました」「赤ちゃんいらないからと言われました……」というモノ。妊娠して中絶できない時期になり、彼氏と音信不通になってしまうケースはたくさんあるのです。

また入籍したとしても、相手が貴女を愛していなければすぐに離婚という結果になるでしょう。大変な育児を乗り越える気持ちは彼にはゼロでしょうし、「しょうがないから産ませてやった」という感覚でしょうから。赤ちゃんを手放すにせよ、産むにせよ苦労するのは女性です。

貴女がピルを服用していない限り妊娠の可能性はあります。万が一のことが起きたときに、「結婚しよう」と喜んでくれないような男性とHしないでください。

男性と親密になったとき、ご飯をご馳走になったとき、なぜかHしないと悪い気がしてしまうことが貴女にはありますか？

そして早い段階でHをして傷ついてしまったことはありませんか？

大好きな人とHしたあとに急に冷たくされると、胸がぎゅ～っと痛くなって、まるで裸でゴミ捨て場にポイッとされたようなミジメで苦しい気持ちになるハズです。

そうなったときに、自分のHの内容がよくなかったのか？　考えてみたり、冷たくなってしまった彼の気を引くために、家事をして尽くしたりする行動に走ってしまう女性もいることでしょう。

愛のないHを重ね続けると、女性は知らないうちに自尊心（心の大切なところ）がどんどんすり減って病(や)んでしまいます。自尊心がすり減ると、自分を雑に扱う男性にばかり惹かれるようになってしまうのです。

貴女に知っていてほしいのです。

男の愛はHでは引き出せません。繋ぎとめられません。

初めから貴女を大切にしている男性の愛情を受け止める、それがHなんです。

彼が貴女を本当に「ど本命」として想ってくれているか、堂々とHまで時間をかけてゆっくりと見極めてください。

貴女のカラダは宝物。ご馳走になったお礼として宝物を差し出すという感覚は間違っていますよ。

貴女を誠心誠意大切にしてくれる人にだけ、カラダを触れさせてあげると決めてください。

そして彼が3ヵ月間待ってくれて「ど本命」だと確信したのであれば、めくるめく官能の世界をどうぞお楽しみくださいませ……♡

「おクズ様」とつまらないHなんかしてる場合じゃありませんからね。

LESSON 03

Hしたあとの距離感を間違えないこと

どんだけHの項目続くねん！と半ば呆れ気味の貴女。それだけH関連でしくじる女性が多いということですよ！　Hしたあとに急に素っ気なく豹変する「おクズ様」がいますが、女性も豹変してしまう人が多いのです。Hが終わっても気を引き締めて「メス力」を続けるのが「ど本命婚」への道なのです。

Hしたあと「メス力」を勝手にやめないこと！

彼との初めてのH……♡　今まで「おクズ様」といたしてきたインスタントで自己中なHがちゃんちゃらおかしくなってしまうくらい、愛に満ち溢れたソレ……♡

無論、フィニッシュしたあとにシャワーに直行されたり、そそくさと着替えられたり、タバコを吹かされるでもなく、愛おしくてたまらないという瞳で貴女を見つめて、抱きしめてくることでしょう（フィニッシュ直後の男性のふるまいには100％本音が出ます）。（私って愛されてる……♡）きっとそう感動することでしょうが、ここで気を緩めてはいけません！

Hが済んだあと、ますます貴女への愛情が高まっている彼の様子を見て、そろそろありのままの私（365日恋愛中毒）をど全開にしても彼は引かないであろうと、勝手に「メス力もういいや」となってしまうかもしれません。もっともっと以心伝心でツーカーで「ソウルメイト」的な関係に距離感を近づけたいという欲が湧いてくるかもしれません。

でもここで過去の恋愛と同じように「H終わったら豹変する女」をしてしまったら、彼の燃え盛る恋心は鎮火してしまうかもしれないのです。いち早く「ど本命婚」をするために、Hのあとの「メス力」についてレッスンを始めます！

男心が萎えるH終わったら豹変する女とは？

①女房面を始める

急に奥さんぶったふるまいをする女性の多いこと！「もう、部屋の掃除しなきゃダメだよ」「冷蔵庫ビールしか入ってないじゃん！　おかずつくり置きしておく？」「禁煙しなよ」「月にいくら貯金してる？」相手の私生活をコントロールしようとする女は「プロオカン」ですよ！　恋愛感情を萎えさせるのでやめてください！

②家に転がり込んで同棲を始める

毎日一緒にいたいがために、彼の家に転がり込んで同棲を始める女性たちよ、**男性は結婚前に安心をしてしまうと「プロポーズまだいいっか！」となるだけです！**　早く結婚したいのなら、同棲は正式な婚約まで待ちましょう！　家に住まわせるのもダメですよ。

愛され続ける女は変わらない女でもある

貴女が恋に浮かれて距離感を縮めないことで、彼は「この子、抱いたのになんか俺のモノになった感がない……ナンダコレ！」と驚くことでしょう。

それだけ、Hをしてしまったら自分から意味もなくＬＩＮＥしまくり、「いつヒマ？」と相手を追いかけ回し、「家事やっとこうか？」と甲斐甲斐しく尽くしだし、「今週末会えないの？　……女？」と勘ぐる女性が多いということです。

これらのふるまいはすべて「ど本命クラッシャー」なんです。

Ｈしてからも「ど本命」に愛され続けるには貴女は変わらないことです。

具体的に言うと、Ｈが終わっても即レスしない返信する側が基本スタンス、ＳＮＳで彼氏いることを匂わせない、ＳＮＳで私生活を発信して「ミステリアスで読めない女」をやめない、自分の予定中心に生きる、会ってるときは思い切り笑顔で楽しむ、など貴女が彼を恋に落とすためにしてきた「メス力」のまんまでいてください。

抱いても変わらない女は、男性の征服欲・独占欲を満たし切らせてあげません。

だからバイバイしたあと、またすぐに貴女に会いたくてたまらなくなるのです。

独占欲を満たさないと、男性はこの子を独占するにはどうしたらいいのか考えます。

それがプロポーズなのです（キタ〜！）。

LESSON 04

恋愛をぶち壊すNG行動「ど本命クラッシャー」しないこと

貴女は男性にドン引きされるこんな本性さらけ出してませんか？　恋愛がうまくいきだすとフッと忍び寄る影。「いつまでこの幸せは続くんだろう……」。私たち女性はなぜこんなふうに不安になってしまうのでしょう？　そしてその不安をいろんな形で彼にぶつけて「ど本命クラッシャー」してしまうのでしょう？　その原因と対策をお伝えしていきます！

私たち女性は警戒心が強くて当たり前

女性が仕事をもち、男性ナシでも自立して生きていけるようになったのは、そんなに遠くない過去です。多くの女性たちは結婚するしか生計を立てる術がなく、子どもが産まれようものならますます家庭に縛りつけられてきました。

夫の「ごめん。ほかの女に惚れたから離婚しようぜ」は命とりだったんですよね。

夫の心変わりが命とりだった私たちは、勘ぐりレーダーを搭載する仕様になってしまったのです。彼の言動に「冷められちゃった?」「ほかに好きな人できてたらどうしよう」とオロオロしてしまうのは、この地球上の女性ならみ〜んなあるあるだということ。

私自身、昔は彼が浮気している姿をリアルに妄想して、勝手にイライラしているどうしようもない女でした(恥)。

このレーダー、確かに「おクズ様」や浮気を発見するレーダーとしては超有能なのですが、「ど本命」に発揮すると、シンプルに彼から嫌われてしまいます。

男性は一途に生きているときに疑われると、めちゃくちゃショックを受けてしまいます。逆に「ど本命」から信頼されると、ますますその信頼に答えようとします。あわよくばHができそうな女が出現したとしても、「いかんいかん」と冷静さを保つことができます。

貴女が根拠もないのに彼を疑うということは、彼の一途な想いを踏みにじってしまうことなのです。

この大前提の「女心（疑り深い）」と「男心（疑われると萎える）」をまずは頭に入れてくださいね。

トラウマがあると、女はさらに疑り深くなる

貴女は恋愛をしているときにこんなふうになってしまったことはありませんか？

彼が浮気をしてもいないのに、「浮気されたらどうしよう？」と妄想を膨らませて、勝手にスマホをチェックしたり、浮気している姿を想像してイライラしてしまう。

しかもそのイライラを態度に出して、「メリ子、どうしたの？」「別にっ」とか感じ悪い対応をしてしまう。

つき合う前に彼から聞いた元カノの話を思い返して、「まだ未練あったらどうしよう」とソワソワしてしまう……。

そして謎に行き着く先は「ていうか浮気しない男なんていないかもだし」「この人もいつか裏切るかもしれない！　用心しておかなきゃ」という浮気前提理論。

頭の中がつねにそんな状態だから、デートしていても心から楽しめない。

あげく、本当に彼が自分のことが好きなのか確かめるためにケンカを売って、それでも離れていかないか？　試し行為をしてしまう……。

こんな貴女は「キレるど本命クラッシャー」タイプです。

おそらく父親が母親に対して不誠実だったり、初恋などで男性からヒドイ仕打ちをされたトラウマを彼に重ねてしまっています。STEP2の「初おクズ様」のお見切り（115ページをご参照ください）を思い返して、

①自分がほかの女性よりも疑り深いこと
②それには過去のトラウマが絡んでいること
③今、目の前にいる「ど本命」は貴女を大切にしていること

この3点を繰り返し繰り返し頭の中で思い出してください。

男性は疑り深い女性が苦手とお伝えしました。貴女が理不尽に彼を疑い続けることで、彼の愛情を萎えさせてしまい、「ほらやっぱり男なんて……」という現実を引き寄せないよう

にしていきましょう！

根気よく続ければ、そのキレ性は治りますよ。私自身もそうとう疑り深い女でしたが、今は相手を信頼することに重きを置ける自分になっています。

次に女性の中で多いのが、彼から大切にされるとなぜか申し訳ない気持ちになってしまって、彼がしてくれたことの倍尽くしてしまう女性。

ある日彼がオムライスをつくってくれたら、貴女は「うわぁ！　うれしいけどきちんとお返ししなきゃ！」と大焦り！

張り切って成城石井で買い出しをし（みんな大好きオオゼキでええやん）、オムライスにサラダとスープをつけて、季節の果物を剥いておき、晩酌用に彼が好きなお酒も購入し、「マジで！　ありがとう！　お会計は？」と彼からの申し出に「ううん、いいよ！」としてしまうタイプでしょう。**正直、やりすぎなんです。**

男性は彼女に尽くして「うわ～めっちゃ美味しそうじゃん！　すごい！　ありがとう♡」

「美味し～♡　料理できる男ってサイコーだね♡」なんて大喜びされたら大満足！

「ここまでしたんだから俺にも尽くしてお返ししてよ！」なぁんて思いつきません。

でも貴女には「尽くしたり、お返ししないと男に冷められる」という間違った価値観が染みついてしまっていて、ついつい「尽くすど本命クラッシャー」をしてしまうのですよね。

貴女も「キレる」タイプと同様、彼に見放されるのが怖くてしょうがないのです。

貴女に必要なのは、彼がしてくれた好意をめちゃくちゃ喜んで受けとり続けること。

尽くすよりも男性の心が１００倍満たされる方法でお返ししてあげてください。

どうしてもお返ししたくなったら、季節の果物を買って「はい♡」と彼に渡してムキムキしてもらいましょう。

女は不安をコントロールできないと恋愛をぶち壊してしまう

大好きな人とおつき合いが始まって、うまくいけばいくほど「この愛を壊したくない」と不安になってしまうのは、私たち女性なら誰しも同じことなんですよ。

自分が不安になっているから、彼が浮気する妄想をしてしまったり、繋ぎ止めるために尽くしてしまったりしてしまうんだなと知っておきましょう。

幸せすぎて不安になったら、「こんなに彼のこと大好きなんだな」と自分に語りかけましょう。

そして万が一浮気されたり、冷められてしまったらどうするか？　自分の中でハッキリと決めておくことも大切です。

「裏切られたら、潔く別れよう」

そう自分と約束するとスッキリします。逆に「裏切られたらどうしよう」とオドオドしていると、「メス力」も中途半端で媚びた雰囲気のものになってしまうのです。

それに、**「めちゃくちゃいい女だけど、俺やらかしたら即切られそう」、この空気感は男性にとっていい意味でスリルを感じさせてくれる**ものになりますよ。

不安に負けずに、目の前の恋愛をめいっぱい楽しんでいきましょうね！

LESSON 05

2人の間に約束ごとをつくって彼に義務感を与えないこと

いよいよ彼がプロポーズをしぶる理由と対策のステップに突入です！「土曜日は必ず会う」とか「その日の報告は必ずする」とか、どうして私たちは「決まりごと」をつくって相手を束縛しようとしちゃうのでしょう？　え？　約束が束縛に当たるなんて知らなかった？　それはいけません！　男性が「約束ごと」が嫌いな理由からお伝えしますよ！

「土曜は絶対私と会う日だよ！」とか決めないこと！

交際が進むにつれ、女性はナチュラルに厚かましくなっていきます（笑）。

「土曜日は私と会う日ね！　もし予定あったらあらかじめ教えて？　約束だよ」

「黙って友だちと飲みに行くの禁止しようね、私も守るから！　約束だよ」

「女友だちのＬＩＮＥはブロックね！　私も男友だち消すから！　約束だよ」

こんなことを貴女から言われたとき、彼はその場では「わかったぁ」と答えるでしょうが、内心うっぜえと思っています（直球スマン）。

別にわざわざ約束なんてしなくても「ど本命」である貴女とのデートは彼にとっても楽しみなものだったのに、**毎週土曜日は私の日！なんて言われようものなら、そのデートは義務になります。**

行動をちくいちＬＩＮＥしてと言われると、息苦しく感じてコソコソ男友だちと仕事終わりに飲みに行くかもしれません！

男性は束縛されると逃げ出したくなる習性があるのですよね。そうすると貴女に対するドキドキした気持ちが急速に冷めて、しょうがなく貴女といる感覚（義務感）になるのです……。

せっかく彼が貴女に夢中になっているのに、約束で縛りつけて気持ちを萎えさせてしまうのはもったいないとは思いませんか？　どうせなら、彼から「会いたい」と言ってほしいとは思いませんか？　それは「メス力」をうま〜く使えば可能なことですよ！

彼が飲みに行くときに連絡してほしいのなら、「陽介と一杯行ってくる～」とLINEがきたときに「何時に帰るの？」なんて追求せず（ウザいからね）、「了解～♪」と返信しましょう。

そして会ったときに「オス太郎くんって飲みに行くとかひと声かけてくれるよね、ああいうのうれしい」とサラッと褒めましょう。

その後も勝手に連絡してくるようになります（笑）。

ほかのことにもこの法則は応用できます！

何かを変えてほしいときは、その部分に義務を科すのではなく、褒めてあげ「そっか！これするとメリ子は喜んでくれるんだ」「僕ちん褒められてうれしい」とエサをばらまくのです。

「なんだかんだで毎週土曜日会ってるね♡　いつもお店の予約ありがとう」と褒めてあげたりとかね。

きっと今までの貴女の恋愛は、約束をどんどん決めていって、ウンザリした男性がそれを破ってしまって「嘘つき！　裏切り者！」と大騒ぎするようなものではありませんでしたか？　きっと約束を守り合うことで、お互いに誠実だという証が欲しかっただけなんですよね。でもそれは逆効果だと知ってほしいのです。

貴女が彼にとって「ど本命」であれば、彼は貴女を喜ばせることを自然としてしまうハズ。それを受けとって褒めてあげるだけで、「この子をもっともっと幸せにしたいなぁ」と彼の中で誠実な気持ちが育っていくものなのです。

男性の気持ちは約束では縛れません。

この約束には「おつき合い」や「結婚」も含まれます。

彼らの気持ちを縛れるのは貴女の魅力のみです。

その魅力とは男心を理解して、褒め上手で、聞き上手で、自分をもっている、そんな「メス力」の高い姿のことです。

約束ではなく貴女の魅力で彼の気持ちを縛ること

LESSON 06

褒め上手な女になって貴女のワガママを叶えてもらうこと

先ほど褒め上手についてチラッと触れました。男性から愛され続けるのに、なぜ褒め上手な女になる必要があるのか？　それは褒めることが彼への甘い飴になるからです。男性は飴を与え続けてくれる女性を手放しません。結婚を意識します！　しかも褒め上手になれば、自分のワガママが叶うというメリットまであるのです（ニヤリ）。

褒めることが苦手な女性は彼に冷たくされる運命！

世の中には男性を「褒めること＝媚びている」と感じてしまったり、そんなの照れくさくてできないよ！と抵抗感がある女性がたくさんいます。

貴女はどうですか？「彼を褒めて白々しいと思われたらどうしよう？」とか考えてしまってはいませんか？　私は若いころそういうふうに思っていましたし、むしろ「私を褒めてよ」ばかりで厚かましいタイプでした（本当にメス力底辺女すぎて恥）。

男性はいつだって貴女から褒められるのを待っています。それが男性にとって彼女をつくる大きな理由でもあったりするのですよ。**自分を認めてくれる絶対的存在が欲しいのです！**

女性が彼を褒めたり感謝することを怠ると、男性は私たち女性が辛いときに素っ気なくされたときと同じような、悲しくてミジメな感情になります。

その「なんで褒めてくれないの？（大変なときにシカトするの？）」という悲しみは、あっという間に憎しみの感情に変化していっちゃうのです（逆にわかるわ〜）。

その結果、どんどん彼が意地悪な性格になってしまって、貴女にイヤミを言ったりするようになります……。

こうなってしまうと、貴女がゴロニャンと甘えたり、ワガママを言っても「はぁ？　お前それくらい自分でなんとかしろよ」と突っぱねられてしまうのですよね……。

男性は好きな女性のワガママや希望を叶えることが大好きなハズなのに、褒めたり感謝してくれない彼女へムカついた気持ちが蓄積しちゃっているから、それを叶えてあげるエネルギーが湧いてこないのです！

褒めることを怠ってしまうと、彼にとっても貴女自身にとっても最悪な結果になってしまうのですよ！

男性が褒められてうれしい4つのこと

つねに彼を観察して、褒める部分を探していきましょう！　とくに男性が褒められるとうれしい部分を紹介します！

①デキル男っぷりを褒める（仕事に頑張っている姿勢、テキパキとトラブルを解決する姿）

②気遣いを褒める（貴女に対しての些細な気遣いを当然と思わずに、そのつど褒める！）

③男らしい部分を褒める（鍛えてる人は肉体を褒めちぎる！　Hのあと「こんなの初めてスゴイ」と褒める〈嘘でも〉、荷物をもってくれたり、家具を移動してくれたり、高いところの物をとってくれたら褒める）

④彼の仲間・家族を褒める（いい人たちだねと褒めましょう）

①スゴイね♡
②え？　嘘！　これオス太郎くんがしてくれたの？
③こんな気が利く男の人、見たことないよね
④美味しい〜♡
⑤幸せ〜♡
⑥楽しかったね〜♡
⑦毎日頑張っててエライよね♡　お疲れさま！
⑧こんなの初めてだよ！　すご〜い！
⑨いいお店だよね〜！
⑩ありがと〜♡

正直、カンタンな言葉でいいです（笑）。そして、うれしい、楽しい、美味しいなども男性からしたら、褒められた気持ちになりますよ。とくにデートで彼がチョイスしてくれた場所やお店は絶賛しましょう。

これを日々欠かさずにしていくと、彼は心が満たされてエネルギーいっぱいになります。

そして貴女のワガママや希望を叶えてあげたい気持ちがムクムク湧いてきます。

そしたら、「ねぇねぇ、私コレ欲しい」「ここ行ってみた〜い」「車の調子が悪くてディーラーついてきてほしいの」。アレやって、コレ欲しいとどんどん言いましょう。

「しょうがね〜な〜」と言いつつも彼は甘えられたり、頼りにされるのがうれしくて貴女のワガママを叶えてくれますよ（そのあとまた大絶賛をお忘れなく）。

LESSON 07

お金、時間、友だちづき合いにダメ出しせず、結婚しても自由そうな空気を出すこと

つき合いたてのころは「結婚しよう」と鼻息荒かった男性が、どんどん「焦んなくてもよくね？」みたいなスタンスに変化しちゃう理由、それはなんでしょう？　もしかしたらそれは、貴女が彼の自由を奪っているからかもしれませんよ。レッスン6と併せてしっかりとステップを踏んでくださいね。

先ほど「2人の間に約束ごとをつくって彼に義務感を与えないこと」（228ページをご参照ください）で、男性は義務感を感じると気持ちが萎えると、男心について説明しました。

次に、彼の結婚する気持ちを萎えさせないために大切なことは、「結婚したら自由がなくなりそう」と思わせないことです！

やっぱり男性は束縛がＤＮＡレベルで大っ嫌いなんですよ。

男性は自由が大好きで、過干渉されたり（プロオカン）、束縛されると「逃げ出して〜〜」と思います。すべての男性がこの心理をもっています。彼に求められて結婚したい人は徹底的にこの男心を理解してくださいね。

貴女は「そろそろ結婚したいんだけど（怒）」と彼を急き立てて、しぶしぶプロポーズされたいワケではないハズ。ウルウルした瞳で貴女を見つめて「俺と結婚してください」と心から求められてプロポーズされたいハズです。

それを踏まえて、男性が彼女にコレをされると結婚する気が失せる言動を書いていきます！　意外な部分で彼らは「自由を奪われる」と感じているので、注意しましょうね。

男性に「結婚したら自由がなくなりそう」と思われるあるある６

①趣味に口を出す：「結婚したら趣味の時間減らしてもらうよ！」「またツーリング行くの？　趣味やりすぎじゃない？」「サッカーかジムかどっちか選んで」。結婚後、趣味に没頭して家庭をかえりみない夫になったらどうしようという気持ちから口を出す。ちなみに趣味のなくなった男性は、仕事のストレスを発散する場がなくなり、鬱っぽくなったりする傾向アリ。運動は定期的にしてもらうのが吉ですよ。
②お金の使い方に口を出す：「またそんなもの買ったの？」「通帳見せてみ？」「無駄使い多くない？」。結婚前にお金使いの荒さを矯正しようとして口を出す。
③交友関係に口を出す：「また陽介たちと遊び行くの？」「あの友だち、どうかと思うよ」。結婚後も友人たちとのつき合いに時間を割くのでは？と心配になって口を出す。
④生活習慣に口を出す：「シャワー浴びないで寝るなんて信じられない」「バスタオルの干し方間違えてるよ！」。一緒に住んだときのことを考えて、自分のルールに合う男性に今のうちに変えておこうと口を出す。
⑤仕事に口を出す：「ボチボチ転職考えたら？」「今の仕事で出世する気ないの？」「エリの旦那さん、出世してるって！　頑張んな！」。稼ぐ男に変えてやろうと口を出す。

⑥将来パパになったら～話をする：「ほら、そんなにダラシないといいパパになれないよ」など。直球で言います。**これを言われると貴女とHしたくなくなります。**

将来いい夫、いいパパになるよう今から仕込もうなんて思わないこと

きっと貴女の中に「この人をもっといい男にしてあげよう」とか、「いい旦那になるために今から教育しておこう」とか、そういう気持ちがあって「プロオカン」が発動してしまうのだと思います（その気持ちわかるわよ～）。

でもこれらをやられると、男性は「うわ～！　今からこんなに束縛っていうか、干渉してくる女なんかと結婚したらもっと窮屈そ～」とゾ～ッと背筋が凍ってしまうんです。しかもガツガツと彼を変えようとする女なんて、わざわざ追いかけるような魅力もありません。貴女への性的魅力も同時に霞んでしまうと覚えておいてください！

そうなると、当然のごとくどんどんプロポーズが先延ばしになってしまうんです。

貴女との結婚が、腰が重くて行きたくない歯医者さんや山積みの宿題みたいな感覚になっ

てしまうのです。

基本的に男性を変えようとしてはいけません。自由に泳がせて自分の頭で考えさせてください。貴女のことが大切なら、趣味の時間配分、お金の使い方など勝手に貴女が喜ぶ方向に調整してきますから！　失敗しつつも学習しますから！

貴女はそのときに**「私のためにしてくれてるの？　ありがと」**とニッコリするだけでいいんですよ（こういうときこそ、ほっぺにチュですぞ）。

言いたくなる気持ち、すごくわかりますよ。でも**世の中に蔓延している間違った良妻賢母像に惑わされないでほしい**んです。男性に自由を与えると、必ず結果として貴女が幸せになる方向に進みますからね。

え？　彼が信頼できない男？　それって「おクズ様」ではありませんか？　ＳＴＥＰ２の「おクズ様」の章に戻ってお見切りをお願いします！

LESSON 08

彼に尽くさせて、俺がいなきゃダメだと思わせること

先ほど、「褒め上手な女になって貴女のワガママを叶えてもらうこと」（232ページをご参照ください）で褒め上手になると、貴女のワガママを彼は率先して聞いてくれるようになると書きました。もしかしたら「う〜ん、別にワガママ言わなくてもいいや」と思った人もいるかもしれません。でもワガママこそが男性にドキドキを与えるエッセンスだとしたらどうしますか？

男は惚れている女のワガママをなぜ聞きたくなるの？

「男はちょっとくらいワガママな子が好き」

悔しいかな、貴女もこんなふうに感じたことはありませんか？

彼氏と同棲して家事をし、美味しそうな料理をふるまって一生懸命いい子ちゃんをしてる子は浮気されて泣いているのに、「ね〜私、沖縄行きた〜い♡」って小悪魔チックにふるまってる子のほうが、彼氏に大切にされている……（社内でこうやって男性社員を操ってる子いるよね。苦笑）。

ぶっちゃけた話、私も男心を勉強するまでは、こういうワガママ女子が苦手でした。

「何？　あの猫なで声？　彼の前とうちらの前で態度違いすぎない？」とか思っている、甘え下手な女でした（嫉妬心よね笑）。

今ならなぜこの手のワガママ女子が彼に大切にされているのかわかります。

男性にとって好きな女のワガママを叶えることとって、達成感があって気持ちいいことなんですよ。


ほら思い返してください、男性特有の狩猟本能。これ炸裂させて何かを捕まえた先にあるのは達成感でしょう？　すなわちワガママな女とは、彼の本能を刺激することができる女ということなのです！

無論、彼女が聞き上手であったり褒め上手であることは必要不可欠！

きっと本書を読んでいる貴女は、聞き上手や褒め上手などの「いい子ちゃんメス力」は思っているよりカンタンにマスターできると思います。

でも好きな男性にワガママを言うことって、正直怖いじゃないですか？　厚かましい、図々しいって思われたくなくて躊躇しちゃうじゃないですか？

だけど、**男性はいい子ちゃんだけだと、狩猟本能が刺激されなくてマンネリ化しちゃいます。だから彼にピリッと刺激を与えてあげるサービス精神だと思って、彼にワガママを言ってほしい**のです。

ワガママは「直球＋笑顔」で伝えると叶う！

男性は察することが苦手なイキモノです。貴女が自分がしてほしいことを匂わせたところで、１個も気がつきません（笑）。

たとえば彼がデート中「今日は肉って気分じゃないな〜」と言ったとしましょう。でもじつは貴女はお肉の気分でした。素直に「ホント〜？　私お肉の気分だった〜！　○○苑行きたいと思ってたんだよね」と伝えましょう。

「マジで？　じゃあ肉にする？」と聞かれて「ううん、別に今度でいいの」と**遠慮してはいけません。**

「え？　いいの♡　うれしい♡」と**相手の申し出を笑顔で受けとって、**食事中もニコニコ「美味しいね〜」「ありがと〜」と言いましょう。彼は貴女のうれしそうな顔を見て、達成感を感じることでしょう。**「直球＋笑顔」の法則で彼に貴女の希望を叶えさせてあげてください！**

①食事中に「じつは今日お肉の気分だった」と後出しする
②「お肉の気分」と直球で言わず、「フーンそうなんだ、お魚ねぇ……」と察してちゃんの空気を出す

①は男性に「はぁ？　先に言えよ！」と思われ、②に関しては気がつきません（笑）。男性には直球で「○○したいの」「○○行きたいの」「○○してほしいの」と伝えてください！　叶えてくれたら笑顔で喜びましょう。これだけで彼は大満足します。

貴女がワガママだと思って封印してきたことは、彼に達成感を与えるチャンスです。これは彼に尽くさせているようで彼に喜びを与えています。じつは勇気を出して「ワガママメス力」を実行することこそが、本当の意味で男性に尽くすということです！

LESSON 09 恋愛以外に自分の世界をもっている女だと思わせること

大好きな人といる時間って1番楽しい♡　イチャイチャして、お互いの知らなかった一面を見つけて、どこへ出かけても何をしていても新鮮ですよね。だけど、この幸福感に浸りたくて、彼とつねに一緒にいるために自分の生活を捨ててしまってはダメなんです。「どん本命」であり続けるためにここが大切。男が呆れる恋愛中毒女になる危険が潜んでいます。

恋しか引き出しのない女にならない

恋愛しだすと多くの女性の頭の中は彼一色になってしまいます。

きっとこの本を手にとってくださっている貴女もそんな部分があるハズ（恋愛に興味ない

方が読むジャンルの本ではないので）。

私自身、若いころはヒドイ恋愛中毒女でした。つねに彼氏といることを求めていたし、自分のすべての空き時間を捧げてもいいと考えていました（そして彼にもそれを求めていた）。

なんならそれが一途でいい子だと思い込んでいたのですよね。

「もっと自分のやりたいこととか見つけてみたら？」という彼のひとことに、「き～～～ッ！　私から距離置こうとしてんでしょ～」とヒスってみたり（笑）。

今ならわかります。あの言葉は私にず～っと魅力を感じて好きでい続けたい、彼からのＳＯＳだったんだな～って。

恋しか引き出しのない女性は、男性から見て魅力がありません。

どんなに親しくなっても、夫婦になっても「俺の踏み込めない世界」をもち続けている女性に、男性はリスペクトの気持ちと恋心を抱き続けるのです！

ラブラブだからこそ気をつけたいこと

「ど本命」とおつき合いした貴女は、彼からの「会いたい会いたい」の言葉に、うれしくてつい会う時間をたくさんつくってしまうハズです。

でもそれに甘えて恋愛中毒になったところで、彼はすぐに安心してしまい、プロポーズが先延ばしになってしまいます。

ラブラブだからこそ、その恋の炎を守るために次のことに気をつけていきましょう！

①ヒマ人をバラさない！

「今週いつヒマ？」「明日も泊まりに行ってい〜い？」とつねに一緒にいようとする女性がいます。初Hが済んでも、会う回数は週2回程度でキープしてください！　今まで忙しぶってたのが、じつは演技だったとバレてヒマ人が露呈します！

②恋愛以外の世界を見つける

彼が貴女に惹かれたのは、ほかの女性と違い恋愛中毒ではなく自分の世界をしっかりともった女性だからです。頭の中が恋愛一色でも自分の人生をおざなりにしてはいけません！　彼を惹きつけ続けるために、自分の人生を大切にしましょう！

③ＬＩＮＥでベタベタしない

急にＬＩＮＥがマメな女に豹変しないでください！　自分のペースで即レスせず、（内容によりますが）30分〜3時間で短く感じよく明るく返信をしましょう！

④ＳＮＳで彼のことを匂わせない

ＳＮＳで匂わせ女をするのは禁止します！　彼がいる雰囲気を出さない！　そして彼に「今○○してるんだな」とすべての生活がバレるような使い方をしないでください！　①と②と③をやっている意味がなくなります。愚痴などネガティブな内容も禁止します！

ＳＮＳの使い方でやらかす女性が多すぎます。「ＬＩＮＥやＳＮＳはマメじゃないの」、この設定で生きてください！

恋愛以外の貴女の世界の見つけ方

①なんとなくの気持ちでしていた仕事でも、どうせならそのジャンルで一流と呼ばれるポジションを目指してみる

②学生時代にしていたスポーツを再開してみる

③好きを極めてみる（メイクでもなんでもいいの！　どうせなら成分にまで詳しい人になっちゃえ）
④男心の理解を極めてみる
⑤自分が人様の役に立てそうなことは何か考えてみる

これらの世界は、貴女が恋愛中毒女になることから守ってくれます。貴女に人間的な深みを与えてくれます。結婚生活で夫や子どもに依存しない女になるためにも必要なことでもあるので、今のうちに探しておくと間違いないですよ。

私は恋愛心理をプロレベルにマスターして、こうして貴女にお伝えしていくことで、誰かの役に立つと決めました。

なんでもいいので難しく考えず、貴女の中の好きを極めてくださいね！

恋愛以外の世界をもつことが、恋愛においても貴女を救う

LESSON 10

それでもプロポーズしてこなかったら、しばらく会わないでイメチェンすること

本書の流れに沿って「ど本命」と交際を始めた方は、基本的に結婚前提の交際だと思います。3ヵ月〜6ヵ月ほどで、彼からプロポーズされることも多いでしょう。ところが、交際1年くらいなのにプロポーズの兆しが見えない。そんな貴女に、「トドメのメス力」をお伝えします。コレ、ハッキリ言って、めちゃくちゃ効果があります（同棲中の方もやるべし！）。

そろそろプロポーズしてもらいたいときの「トドメのメス力」

彼から愛されているのは充分伝わるけれど、なかなかプロポーズの言葉がなくて焦ってしまうのは女性ならよくあることだと思います。

このときに「いつプロポーズしてくれるの？」と問い詰めたり、彼の部屋にゼクシィを置いて（欲しいリングのページを折り曲げて）アピールしたり、「エリが彼氏と婚約したんだって〜〜〜（チラ）」と匂わせたりするのは、賢いやり方とは言えません。

結婚が見えない関係って女性にはすごくストレスになってしまいますよね？　だからつい、彼を追い詰めてしまう。

でももし、彼を追い詰めてプロポーズされたとしても、彼の中には「プロポーズさせられた」という印象が残ってしまうのですよね（本当は普通に結婚する気あったろうに……）。

じつはどんな形で結婚に至ったのかが、その後の2人の関係を左右します。

男性に「結婚させられた」と思わせると、結婚生活に義務感がつきまとってしまうのです。

「俺が彼女を求めて結婚した！」、そんなふうに思われる「メス力」を伝授いたしますよ！

追いかけられると（追い詰められると）男性は逃げたくなる。ならば、追いかけたいと思わせればいい！　このとってもシンプルな男性心理を突いていきましょう！

ステップ1：しばらく「ちょっと忙しくて」と距離を置く

理由は仕事が忙しいでもなんでもいいです。毎週末当たり前のように会っていたルーティーンを崩します。2週間くらい「タイミングが会わなくて」「どうしてもバタバタしてて」と会えない期間をつくりましょう。

ステップ2：イメチェンして登場する

2週間～3週間ぶりにやっと貴女に会えると彼は待ちわびていたハズです。「おクズ様」は平気で女性を放置しますが、「ど本命」にとってそれは長い長い期間に感じているものです。そこで貴女がイメチェンしていたら、彼はハッとします。「え～！　ますますかわいくなってる～！」と、会わない期間でほかに恋でもしたんじゃないかと勝手に不安になります。

その焦りの気持ちで「そうだよな、彼女いい女だもんな、誰に盗られるかわかんないよな」と改めて貴女の魅力を再確認し、「とっととプロポーズしないと！」と決意するのです（単純）。

イメチェンするときの5つのポイント

①髪型をイメチェンする（髪をバッサリ切ってはNG！　髪色を変えたり、すだれ前髪を伸ばして斜めに流したり〈逆も〉、または普段しないヘアアレンジをして印象を変えてください！　もちろん男性受けする髪型に）

②見たことない服装で登場する（彼が見たことのない服で登場しましょう！　新鮮感が抜群です！　もちろん女っぽい方向でキメましょうね！）

③下着も見たことないものを着用する（彼は嫉妬と興奮します笑）

④香水を変える（香りも男性の本能に訴えかけます！　これを変えられるとドキッとします！）

⑤いきなりベタベタしない（会いたかった〜といきなりベタベタしないでください。それは彼の役割です）

会えない期間＋イメチェンで彼の狩猟本能に再着火してください！

彼が不安そうでも、それを言葉で解消しようとはせずに、久々のHで燃え上がることで貴女の想いを伝えてください。

ここまでしたらすぐにプロポーズにならなくても焦らずにね。

貴女に喜んでほしくていろいろと計画しているかもしれません。

神崎メリ、断言します。大丈夫です。「ど本命」なら、必ずプロポーズしてきますから。

「ど本命婚」のご報告、お待ちしてますよ♡

ステップ通り進んだら「電撃婚」はすぐそこ♡

つき合う前にしっかり自分の希望を伝え、Hまでじっくりと進み、男性の結婚する気を削ぐ「ど本命クラッシャー」や約束という義務感・束縛をやめ、自由を与えて、甘え上手・褒め上手になって男心をくすぐり、恋愛以外に夢中なものがある女になることで、「電撃婚」がスルリと叶うのです！　ひとつひとつのステップが男心を掴むための大切な「メス力レッスン」。はしょらず順番にクリアしていきましょう。

めでたく「ど本命婚」した貴女への最後のレッスン

「メス力」で幸せを掴んで「ど本命電撃婚」した貴女！　おめでとうございます！

でも、カップル時代はラブラブだった人たちでも、結婚後のふるまい方を間違えると冷め切った夫婦になってしまい離婚……ということはよくあります。ここで油断せず、幸せな家庭を育むために必要な「既婚メス力」を貴女へお伝えしていきます！

LESSON 01　「既婚メス力4ヵ条」を守ること

「既婚メス力」の4ヵ条を守れば、共働きなのに家事育児を自分だけが負担するなんてことにはなりませんし（夫がつねに率先してくれる）、専業主婦の方も「誰の金で食ってると思ってんだ！」なんて王道のモラハラワードを吐かれることもありません。「メリ子が家守ってくれてるおかげだよ」とニコニコしていることでしょう。「私、こんなに幸せでいいの？　夫に超大切にされてるんだけど（笑）」とニヤケが止まらない結婚生活になるでしょう。

結婚してもラブラブでいるための「既婚メス力4カ条」

①感謝する

男性は妻からの感謝の言葉をエネルギー源として生きるイキモノです。もし、女性側が、「父親なんだから育児して当然」「共働きなんだから家事して当たり前」など、「当然」「当たり前」的なふてぶてしい反応を見せたら、男心はカンタンに折れてしまいます。そしてゆくゆくは家庭に興味のない夫へと育ちます。

男性は理屈や正論では動きません。貴女が100時間かけて夫婦の平等さを説くよりも、「ありがとう」のひとことに夫の心は動くのです（胸に響くんよね）。

夫が何もしてくれないのは、きっと貴女がエネルギーを与えてないからです。ガソリンのごとく、まずは先に感謝エネルギーを与えてください（ハイ注入）。

②褒める

スポーツの世界。共学と男子校の生徒では、共学の男子のほうが成績が伸びるそう。すべては女子の「すごーーい！」のコトバのため、女子にカッコいいところを見せて黄色い声援を浴びたいがため（笑）。

褒められると男心（自尊心）が満たされて、「ワイのいいとこもっと見せたろか？」とさらにはりきってアレコレ尽くしてくれます（単純）。夫が何か些細なことをしてくれたら「気が利くね！」「私よりうまくない？」「勘がいいよね」などと褒めてあげましょう（逆にしてくれたことへのダメ出し・余計な助言は禁止です）。

③立てる（敬意を示す）

賢い妻は、自分の手柄をすべて夫の手柄にしてしまいます。

たとえば夫婦でいるとき、他人に「メリ子さん、料理上手ね！」と褒められたら、「全然ですよ〜！　でも夫が美味しいって食べてくれるからつくり甲斐あって励みになるんです！」と夫を立てる。自宅のインテリアを褒められたら（貴女の趣味のインテリアだとしても）、

「夫がコレがいいと選んだんですよ！」と立てる。

決して、「私が〜」と自分の手柄自慢はしません！

立てるということは、相手に敬意をもつということです。男性にとって敬意をもって接されるということは、女性に置き換えると愛情をもって接されるのと同じです。「敬意＝愛情」なんです。だから男性は立ててくれる女性を守りたいと思います。貴女の敬意（愛情）によって男らしい気持ちになっているのです。

よく女は3歩下がれと言いますが、あれは男尊女卑ではなく、あえて3歩下がることで彼に守られなさいという話だと「メス力」では解釈しています。彼は先陣を切って外敵から貴女を守るナイトなんです。貴女は安全な道を優雅に歩けばいいのです。

④頼りにする（甘える）

男性は頼りにされると自分の存在意義を感じます。

逆に尽くされると、「頼りない男」と言われているのと一緒なので、どんどん頼りない夫になります。年齢がいくつになろうとも「お願い♡」と日々かわいく頼りましょう。

「既婚メス力」が身についている女性とは、「お願い！　手が離せないからオムツ変えてあげて」と素直に甘えることができ、「ありがとう助かった♡」と感謝することができ（当然だと思わない！　毎回感謝する）、「こんな子煩悩の旦那いないよ」と褒めてあげられ、人前でも（とくに旦那サイドの人間の前で）「子煩悩で助かってます」と立てることができるのです。カンタンに言うと、相手がしてくれることに対して、何ひとつ当然だと思い上がらず、感謝し続ける力のことですね。

この流れに慣れてしまえば、貴女のことを夫は何よりも大切にすることでしょう。アラフォーになってもいくつになっても、既婚メス力で彼を唯一無二の私のナイト扱いしてあげてくださいね♡

そうすると自動的に貴女はヒロインでございます♡

ヒロインに年齢は無関係でございます（ホッホッホッホ）。

LESSON 02 ｜ 夫を信頼できる妻になること

繊細な男性の心を支えるのは、妻からの信頼感です。女性側が信頼しているつもりでも、意外な部分で男性は「信頼されていない」とショックを受けるもの。信頼感のある妻になって家庭を円満に導きましょう。結婚生活の中で、つい女性が干渉してしまいがちなポイントを解説していくので、口を挟みたくなるのをグッと堪えてくださいね。

夫が信頼されていないと感じる干渉ポイント

①転職に反対する

夫が福利厚生の充実している大企業勤めから「転職したい」と言ったとき、貴女はこの申し出を快く受け入れられますか？「子どものことを考えて」「このご時世に何言っているの？」「無責任じゃない」と責めてしまってはいませんか？

自分に置き換えて考えてみてください。家庭をもって転職するなど大ごとです。だからこそ、夫自身にも何か考えがあって切り出しているに違いありません。

もしかしたら堪え難いパワハラにあっているのかも……（プライドがあって男性は隠しがち）。合わない職場にガマンしてい続けると精神を病んでしまう可能性があります。そうなってしまうと、働くことはおろか、日常生活を営むことさえ辛いのです。

生活のことは必ずなんとかしてくれる！　私もできる方法で家庭を支える！

そう相手を信頼して「いいよ」と答えて応援してあげましょう。このときのことを男性は感謝し、貴女を誇りに思います（本気で）。

②おこづかい制にする

「結婚したら家計管理しておこづかい制にしなきゃ！」と鼻息荒くしていませんか？　男性はおこづかい制にされると、働く意欲が落ちます（ATM感にやられる）。貴女の夫が自ら「おこづかい制でいいよ！」と言わない限り、信頼して家計を思い切って任せましょう！

最初は家計の運営に関して失敗もあるでしょう。でも実際に運営すると「いくら足りないな」と自分の頭で計算するようになり、責任感が育ちます。そしていかにして自分の年収を上げるか、貴女がガミガミ言わなくても自分で考えてくれるハズです。

貴女が「ど本命」であれば、浮気費用に回すなんてこともしないハズなので、変な妄想を膨らませて「浮気防止のためにおこづかい制に！」なんて考えないでください。

③スマホをチェックする（プライバシーの侵害）

興味本位で夫のスマホを覗き見しないでください！「メス力」低くて論外です！

④どうしても直らない癖にいちいち怒る

貴女の夫が寝る前に牛乳を一気飲みする癖があったり、靴下を脱ぎっぱなしにしたり、疲れてソファで寝落ちすることがあったとしても、いちいち目くじらを立てないでください（これ大多数の男性がやりがちだけどなんで？笑）。

どうしても気になる場合は「牛乳飲んだらうがいして寝ようね♡」「コラ♡　靴下♡」「あっちで一緒寝よ～♡」と優しく誘導しましょう。

間違っても「つうか！　なんべん言わせんの⁉　前にもやめてって言ったでしょぉ！　私の話聞いてんの？」と寝ている夫を揺さぶり起こしてキレてはいけません。

きっと私たちは「生活を万全に整えなくてはいけない。それがよき妻である」みたいなものに洗脳されてしまっているのだと思います。私も初婚のころは「良妻賢母」像に縛られてしくじってしまいました。完璧なインテリア、完璧な食卓、尽くす妻……。そういうものにばかり必死になって夫婦の本質を見失っていました。

生活を整えることはもちろん必要ですが、大切なのは愛情溢れる家庭を築くこと。

それには完璧主義をやめることです。

もっとおおらかな気持ちで相手のことも、自分のことも信頼していきましょう♡

LESSON 03｜既婚メス力と未婚メス力の違いを知ること

ここまで読み進んできても、「既婚メス力」と「未婚メス力」の違いがイマイチわからない方も多いと思います。ここではその2つの大きな違いを説明しておきますね。

1番の大きな違いは、「既婚メス力」は寄り添うことがメインとなり、「未婚メス力」は追わせることがメインとなる点です。

既婚メス力「寄り添う女」、未婚メス力「追われる女」の違い

①彼（夫）からのLINE

未婚メス力：即レスしない、長文送らない、30分〜3時間は置いてマイペースに返信する、夜遅いLINEはスルー（睡眠優先）、自分からおはよう、おやすみ送らない

既婚メス力：即レスＯＫ。ラブラブＯＫ

②デートのお誘い

未婚メス力：急なお誘いに秒で化粧していそいそと出て行かない（貴女はヒマ人ではない）

既婚メス力：「ＯＫ。何時にする？　お化粧するね♡」とウキウキ出て行く（重要な予定、先約、体調不良以外はＯＫする。結婚すると急なお誘いをめんどくさがる妻多し！）

③愛情表現

未婚メス力：好き好き言わない！　愛情表現は褒めることで伝える

既婚メス力：愛情表現ＯＫ。ラブラブ感出していきましょう！

未婚メス力とは、思い通りにならない女。ミステリアスで何してるのか読みきれない女。追いかけたい女になること。既婚メス力とは、愛情表現溢れる女。「いいよ♡」とあらゆることに快諾してくれる女。寄り添ってくれる理解者になることです。

男性にとって、妻は自分のテリトリー内の人間です。追いかけて追いかけて捕まえたテリトリー内の人間には、自分のチームメイトみたいな、俺を応援してくれる人みたいな、かけがえのないたった1人の理解者であることを求め人間的な絆でも結ばれます。カンタンには裏切れない対象になります（外の世界に追いかけ甲斐ありそうな女性がいたとしても）。結婚する前の彼女とは、ある意味でハンティング対象なのですね。

ちなみに彼女のうちから既婚メス力をすると、安心させてしまって結婚しなくてもいいと感じます。だって結婚しなくても寄り添ってくれて追いかける対象じゃなくなってしまうのですもの。同棲中の方からよく「どちらのメス力をしたらいいですか？」とご質問をいただくのですが、どう考えても「未婚メス力」です。

同棲という安心感を与えてしまっているので、結婚への道はむしろ遠のいてしまっています……。一度同棲を解消して、一から恋愛し直す気持ちで「未婚メス力」を徹底したほうがよいでしょうね。

彼に即レスできないもどかしさ、愛情表現できない寂しさ、結婚したらぜ〜んぶ解禁になるので楽しみにとっておきましょう♡

「読みきれないミステリアスな女」であり続けて「追わせるメス力」に集中していきましょうね。

LESSON 04 | 結婚しても自分の世界をもち続けること

独身時代に自分の趣味などを見つけてねと「未婚メス力」でお伝えいたしました。このときにつくった趣味や仕事へのやる気、結婚後にパタッとやめないでください。きっと夫婦関係の支えになってくれるものになります。

女性の脳って不思議なもので、大好きな人のことで頭の中をいっぱいにしてしまう傾向がどうしてもあります。結婚前に恋愛中毒から脱出するのに苦労したタイプの貴女は、とくにこの点を注意してください。

夫に寄り添うことと、依存することは違います。

自分自身が自立していないと、そっと寄り添うのではなく「私、立てな〜い」と言わんばかりにベッタリと依存してしまうことになるのです……（おっ重い）。

自分の世界を大切にすることは家族を大切にすること

EPILOGUE
エピローグ

依存型の女性は、夫や子どもから評価されることで、自分を保とうとします。「貴女のためを思って」「よかれと思って」と、勝手に世話を焼いて感謝されようとします。そして思ったように感謝されないと、キレたり、相手を非難します。「ママは貴女のためを思っているのに……」と凹んで見せ、相手に罪悪感を与えます。

夫や子どもが、家庭以外の世界でイキイキしていると、とり残されたような感覚になってしまいます。そして意味もなく女性同士でつるんで、今度は友だちに依存したりしてトラブルを起こします。すべての人間関係において、依存すると相手を息苦しくさせてしまい、貴女から離れていく結果になるんです。

自分の世界をもち続ける女性は男性からリスペクトされます。

会話の内容が、職場の不平不満、ご近所ゴシップだけだと、つまらない女だと思われてしまうのです。貴女が自分の好きなことを見つけてそれを続けていれば、自然と視野は広がります。どうぞ家族のためだけでなく自分のためにも生きていきましょう！　家族が息がつまる。そんな家庭にしないためにも。

Profile

神崎メリ
Meri Kanzaki

恋愛コラムニスト。1980年生まれ、40歳。ドイツと日本のハーフ。自身の離婚・再婚・出産という経験から「男心に火をつける力」を「メス力」と名付け、Instagramと LINE公式ブログにて発信したところ、大人気となり、現在のInstagramフォロワーは11万人超。ブログは月間200万PV。コメント欄には女性たちから共感の声が殺到し、恋愛や結婚に悩める10代から50代の幅広い層の女性たちから、熱い支持と信頼を集めている。
「charmmy」「kokuhaku」「ダ・ヴィンチニュース」「VOCE」で好評連載中。著書に『「恋愛地獄」、「婚活疲れ」とはもうサヨナラ！“最後の恋”を“最高の結婚”にする魔法の「メス力」』（KADOKAWA）、『神崎メリのヒロイン手帳2020』（扶桑社）、『大好きな人の「ど本命」になるLOVEルール』（大和書房）がある。

ど本命の彼から追われ、告られ、秒でプロポーズされる！
秘密の「メス力」LESSON

2020年2月22日　初版第1刷発行
2020年6月21日　初版第3刷発行

著者　神崎メリ

発行者　小川 淳
発行所　SBクリエイティブ株式会社
〒106-0032　東京都港区六本木2-4-5
電話：03-5549-1201（営業部）
ブックデザイン　藤崎キョーコ
DTP　荒木香樹
校正　豊福実和子
著者エージェント　アップルシード・エージェンシー
編集　杉本かの子（SBクリエイティブ）
印刷・製本　三松堂株式会社

ISBN 978-4-8156-0269-7

本書をお読みになったご意見・ご感想を下記URL、QRコードよりお寄せください。
https://isbn2.sbcr.jp/02697/

Cover illustration: Olga Korneeva/Shutterstock.com

メス力判定結果

◈ チェックが0個の人

メス力マスターです

「メス力」が非常に高く、結婚しようと思ったときに結婚できるタイプです。ただし、余裕がないと「メス力」が低下する場合もあります。これからもメス力キープを怠らず、メス力的に〝いい女道〟を突っ走ってください。

◈ チェックが1個〜3個の人

メス力レベルが高いです

もう少しで完璧なメス力を身につけられるまでになっています。ただし、チェックがたとえ1つでも、このチェックをずっと外せないままでは「メス力」は高まりません。あともう一歩頑張りましょう！

◈ チェックが4個〜9個の人

メス力レベルが低いです

彼によかれと思ってしていることが裏目に出ているタイプです。でも大丈夫、今までは認識が間違っていただけ。これから「メス力」を高めていきましょう。

◈ チェックが10個以上の人

メス力レベルが底辺です

「メス力」を高めることももちろんですが、もしかしたらあなたは今自分にとても自信がないのでは？　彼がいなくても、「これが私」と思える自分の世界をもちましょう。すると自然と「メス力」がついてきます。

Feminine Magic Assessment

あなたの
メス力レベルを
判定します

メス力チェック

あなたの「メス力」はどのくらいでしょう？
次のチェック項目を読み、当てはまる場合は、チェックを入れてください。

- □ 01 好きな人のSNS投稿にはなるべく反応してあげる
- □ 02 自分からLINEしたりデートに誘うほうだ
- □ 03 彼のLINEには即レスするほうが感じがいいと思う
- □ 04 いつも会話を盛り上げるために自分から話すようにしている
- □ 05 誕生日やバレンタインデーのプレゼントは頑張る
- □ 06 どちらかというと場を仕切るタイプだ
- □ 07 彼のために掃除や料理をしてあげたい
- □ 08 サバサバした気兼ねない女でありたい
- □ 09 女の子っぽくてあざとい女が嫌いだ
- □ 10 「ありがとう」と言うのがなんとなく恥ずかしい
- □ 11 人を褒めることがあまり得意じゃない
- □ 12 カジュアルなゆるっとした服装やボーイッシュな服装が多い
- □ 13 お会計で全部驕ってもらうのはどうかと思う
- □ 14 強がってても本当は弱いことを彼に知ってほしい
- □ 15 いつも女友だちに恋愛相談している
- □ 16 彼といつも一緒にいたい、離れていてもLINEでつながっていたい
- □ 17 いつ会うか、いつ電話するか約束しておきたい
- □ 18 彼が自分の思う通り動いてくれないとイライラする
- □ 19 彼のSNSはいつもチェックしている
- □ 20 彼が本当に自分のことが好きか確認したい
- □ 21 彼の仕事の仕方やお金の使い方が気に入らないときがある